做事与成事

黄怒波 著

中国出版集团　现代出版社

图书在版编目（CIP）数据

做事与成事 / 黄怒波著 . -- 北京：现代出版社，
2023.9

ISBN 978-7-5231-0419-4

Ⅰ . ①做… Ⅱ. ①黄… Ⅲ. ①企业经营管理 – 通俗读
物 Ⅳ . ① F272.3-49

中国国家版本馆 CIP 数据核字 (2023) 第 134284 号

做事与成事

著　　者：黄怒波
策　　划：任　超　张　霆
责任编辑：袁子茵　张　瑾
出版发行：现代出版社
通信地址：北京市安定门外安华里 504 号
邮政编码：100011
电　　话：010-64267325　64245264（传真）
网　　址：www.1980xd.com
印　　刷：北京飞帆印刷有限公司

开　　本：880mm×1230mm　1/32
印　　张：8.75　　　　　　字　　数：166 千
版　　次：2023 年 9 月第 1 版　印　　次：2023 年 9 月第 1 次印刷
书　　号：ISBN 978-7-5231-0419-4
定　　价：49.80 元

目录

走麦城

数字经济的思考与实践

我的管理学

成事心法

诗与山

什么是企业家精神

企业家是什么人，经济学家是什么人？

为什么我想谈谈经济学家

2023 年 1 月 12 日，我们辛庄课堂企业家精神大课堂和北大创业大讲堂举办了第六期线上大课。我尊敬的宁高宁先生作了《我做企业的体验》的精彩分享。他有几个观点，让人感到新奇和触动。根据他这么多年的实践，他提出了在企业经营当中，"人感"作为领导力的一种表现，非常重要。他说，这是一种说不出来的东西，只可意会不可言传，就跟一个人的乐感好不好，能决定你能否成为一个伟大的音乐家一样；又跟一个人的美感如何，能决定你的审美修养程度一样。企业家在用人的问题上，如果有一种"人感"，也就是"直觉"，可能也算是一种企业人才的培养和使用的模式。

我特别认同这句话。在我的企业中，回想起来最终出现问题的一些员工有两个共同的特征：一个是，总是不知不觉地在抖腿，这是内心有想法或不安的表现，也许是他想干坏事了就寝食难安，有着一种强烈的不安全感。还有一个很有意思的特点，就是斜着眼睛看人，他不敢用眼睛直视你，而是坐在你面前把身子侧过去，斜着眼睛瞄你，或者当你直视他的时候，他的眼神会躲避你的目光。这可能就是宁先生说到的"人感"的含义吧。

　　宁先生还讲出了一个非常有意思的观点：做企业一定要当心"坏的盈利"和"好的亏损"这两个问题。这个观点让人感到心灵震撼。是的，有些"坏的盈利"是短期行为，是竭泽而渔，是赌一把，它的后果是灾难性的、不可设想的。"好的亏损"是指战略和战术的搭配，比如拔地而起的大平台虽然一开始都是砸钱亏损，但是他们是在培育市场、创造市场。这句话，可以说是对数字经济时期的企业创新创业的一种提示。

经济学家眼中的企业家

　　宁先生讲得非常精彩，这场直播有近百万人在线学习。张维迎老师在点评时也对其赞誉有加。他跟宁先生相识二十几年了，一位是经济学家，一位是央企领导，他们对于中国经济的发展有一点共同的认识，那就是尊重市场规律和具有强烈的创新精神。维迎老师从市场经济的角度入手，从 8 个方面论证了企业家是什么人。

第一方面，他说："企业家是自己找事做的人，创造一个企业就是自己给自己找个事。"这句话，我非常赞同。我这样的人之所以在当年选择下海，不愿意端着铁饭碗养精蓄锐，就是因为那不是我自己找的事。然而下了海，那就是自找麻烦了。创业是在苦海里游泳，创新是在死海里漂浮，你不知道自己能不能活下来，但那就是你想做的事。我想这句话太正确了。

第二方面，维迎老师说："企业家不是被人提拔的，他完全是自己提拔自己。"这句话太精彩了。出来做企业，不管企业是大是小，自己就是老板、董事长、企业家。你自己把自己提拔上来了，企业做得越大，公司员工越多，你的级别就越高。比如马云，走到哪儿，各个国家的总统、总理都要见他。从这个角度，马云是自己把自己提拔到顶点的人。

第三方面，维迎老师说："企业家是什么人？就是那个自己说了算的人。"你创建了公司，自己提拔自己做了老板、董事长，你就必然要求自己说了算。因为风险是你自己承担的。如果你是一个企业老板，自己说了不算，那你做企业的意义就不存在了。所以在这个意义上，我回想自己"独断专行"的创业过程，就是因为感觉自己能说了算，就做了世界文化遗产宏村，还保护了这么多中国古村落，比如新疆的高台民居等。在那个时候，我做的每项决策几乎都没有人认同，如果我说了不算，我就什么都做不成。

第四方面，维迎老师说："企业家是自己承担责任的。"这也说到点上了。因为你自己提拔了自己，自己说了算，所以就算最后做砸了，你也要承担责任。成功了，你得到的是利润、荣誉和成就感；失败了，你就向隅而泣、从头再来。这非常公平，也很刺激。

第五方面，维迎老师说："企业家是把别人的事当作自己的事来做的人，赚钱不是唯一目的。"这就是企业家要承担起的社会责任。一个企业必然要有员工，做到最困难的时候，企业家的心头不仅是忧虑自己的大厦即将崩塌，也一定在考虑跟了自己这么多年的弟兄和天天打卡上班的员工怎么办。在这一条上，我特别有体会。其实做了这么多年企业，也有想躺平的时候，也有想逃避的时候，但是当你想到那么多的员工从一创业就跟着你，你跑了、躺平了、倒了，他们怎么办？他们每个人后面都是一个家庭。当然了，你倒了，大家可以从头再来，再去找企业、找老板或者自己创业，但是谈何容易啊。所以企业家遇到挫折后要百折不挠，穿好西装、打好领带、擦亮皮鞋再上战场。

第六方面，维迎老师认为："企业家是把别人认为做不成的事做成的人。"这句话特别有意思。回想起来，我们这一代做企业的基本都是从机关下海的，做的都是别人认为根本不可能做成的事。比如马云把阿里巴巴做到了世界前列，这是多少年前无法想到的事。比如我，怎么就把一个古村落做成了世界文化遗产，这也是人类世界文化遗产历史上唯一的案例。40年，真的就有好多别人认为做不成的事，被我们这些人做成了。所以，我特别赞同维迎老师的话，企业家是把别人认为做不成的事做成的人。在这一点上，维迎老师认为宁先生完全符合这个标准，他曾在华润、中粮、中化等央企任职，而且把企业都做到了国际前列。

第七方面，维迎老师认为："企业家是那个能够激发别人做事的人。"这就是人格魅力、卡里斯马效应。企业家去创业、创新，其追随者一定是被其身上的魅力吸引的。他们相信你，不问成败，就愿意跟着你，这一点非常重要。当然了，一个人的魅力不是永远的。从被祛魅的那一刻开始，企业家的卡里斯马效应就开始褪色了，这时候他就不再是企业家了，这也是市场经济的迷人之处。它让你在成功之时，万众欢呼；在败走麦城之时，遭众人唾弃。这种大起大落，生死悲怀，是真正有情怀的人才能够享有的。

第八方面，维迎老师说："企业家是那个在做事过程中因为做事而快乐的人。"在这一点上，宁先生在演讲中有句话非常触动我。他说退休后他仔细思考过，突然发现人生最大的遗憾不是你做错了什么，而是你该做什么却没有去做。这可是一种了不起的企业家精神。40余年改革开放是让人生能够得到最大快乐的时代，因为你是在创新的大风大浪中生存。从进化心理学上来说，这是对人的生活模式发起挑战的过程。在达尔文的进化论里，变异、选择、遗传是一个进化过程。永远不变异的一定不会存在下去；没有被选择上的，一定会被淘汰；被遗传下来的，一定是最精华的。所以企业家的快乐，是经过了变异选择之后，被历史遗传下来的。财富让你安全了，成就让你满足了，失败让你成熟了，但是最重要的是你没有在这样的岁月中被落下。所以按照维迎老师上面8条来说，企业家是什么人？是这些注定会留在历史上的人。

辛庄课堂的缘起

2020年9月的一天，维迎老师突然找到我说，我能跟他回一趟他的老家吗？我问他，他的老家在哪里。他说，在一个山沟里、黄河边，在陕西的榆林吴堡县，叫辛庄村。我问，回老家干什么？他说，他是吴堡中学毕业的，他们学校出过修青藏公路的将军慕生忠，也出过写《创业史》的柳青。我一下子来了兴趣，慕生忠我不太了解，柳青的《创业史》是我从小就读过的。我说，那好，我和他去，参加新校舍的落成典礼。当高铁开出北京西站时，维迎老师就和我谈起了往事。我跟他接触已经有 20 余年了，虽然他是一个了不起的经济学家，但他平易近人，对我们这些做企业的总是和蔼可亲。可以这么说，我们这一代做企业的基本上都是在他的市场经济理论和企业家精神的影响下摸索前行的，大家对他都特别喜欢和尊敬。结果，在 2010 年年底他卸任北京大学光华管理学院院长时，企业家们都感到诧异和不能接受。我现在认为，这对他是天大的好事，因为卸任后可以没有那么多顾虑和约束，可以只做学术，坚持自己的观点。卸任后的他成了一位真正的企业家精神捍卫者、市场经济倡导者。这些，让这个社会有了不同的声音和企业家的社会责任。

聊着往事，我问维迎老师，你现在是一个自由的人，你以后想做什么？他说，他正要和我探讨这个问题。他的家乡希望给他创办一个维迎书院，问我对此如何看。我立刻说，这可万万使不得。我问他，他的村子叫什么？他说，叫辛庄。我说，何不做一个辛庄课堂呢？把它作为他的小平台来培养初创有佳的企业家们，承担社会责任，让他们具备强烈的企业家精神。这是留给社会的巨大财富，也满足了他学术研究和经济实践的心愿，多好。维迎老师一拍大腿说，这个好。我顺手从脚下拿出一瓶我的落樱红酒。我坐高铁一般都带两瓶酒，去的时候喝一瓶，回来的时候喝一瓶，喝完睡觉，借着高铁、旅途和酒精，让自己的心灵安静一会儿。几次举杯之后，我又拿出一盒煎饺。维迎老师吃惊地说，你还有这个？我说，高铁上的饭都是预制菜，咱们这么辛苦，还不能吃几个饺子？维迎老师又笑了。就这样，在微醺和饺子的香味中，我们创建了辛庄课堂。那一天，在吴堡中学的落成典礼上，我站在讲台上面对滚滚而去的黄河，顺势在演讲中大声地说："大河奔流，生命精彩。铜吴堡，有蛟龙！"于是，台下的学生们激动欢呼，台上的乡贤名士无不动容，喜笑颜开。

辛庄课堂于2021年5月27日在辛庄村开课，第一期我们只招收了30名非常优秀的学员。这些学员有博士、有硕士，也有的有海外留学经历。他们的企业都做得不错，但是求学的心气儿很高。第二期，又招了30个。这两期的共同特点是在教学相长中形成了辛庄课堂独特的文化。因为学员们是冲着维迎老师来的，所以大家都有共同的价值观和经济学理念。很多学员表示，在辛庄课堂上课后变得踏实了，感觉到了自己创新做企业的理论原动力。我想，这就是维迎老师的魅力，是一个经济学家对中国企业家精神的贡献。

企业家眼中的经济学家

维迎老师给企业家做了8条定义，那么我们这些做企业的，怎么给经济学家定义呢？在当下的环境里，在 40 年的发展过程中，经济学家究竟是什么样的人呢？

第一，我认为经济学家就是那个把自己看成经济学家的人。《战国策·齐策》讲了个知识分子的故事，也就是"士"。他叫冯谖，是孟尝君的门客。他做宾客期间，弹剑要肉、要车、要房。他有怨言，觉得自己胸怀大志满腹经纶，但是不被赏识。后来孟尝君赏识他，给了他想要的物质利益，他果然不辱使命。士为知己者死，他替孟尝君留了很多后路，替他逃灾避祸。《冯谖客孟尝君》的文章，说的是知识分子以做门客为荣耀的故事。儒家的最高理想不是做皇帝，而是做宰相，一人之下万人之上，以满足他做士的愿望。经济学家不应该越位，研究市场经济或市场原教旨主义的经济学原理都可以，但是不要天天想做帝王师。现在的市场经济中，经济学家不应该是冯谖这样的"士"，这不是我们需要和尊敬的经济学家。

第二，市场经济当中，需要那种一直努力讲真话的经济学家。改革开放 40 多年，从意识形态到经济路线，从市场资源配置到体制发展思路，都存在着争论和妥协。但是，有许多经济学家跟着社会的政策走向大势来说事。比如，房地产领域在需要发展的时候他们拼命论证房地产是支柱产业，带动多少周边产业。当风向变化时，他们就从理论上论证资本的肮脏，房地产的弊病，大骂房地产商。一个讲真话的经济学家，可以今天讲哈耶克，明天讲弗里德曼，后天讲熊彼特或者议论凯恩斯，但是，是从他们的学术观点入手，谈体会和感受，真的研究他们的理论和中国市场经济的关系，而不是因为社会氛围的需要才研究。所以，我们需要和尊敬的经济学家就应该胆子大、讲真话，而且始终如一。

讲真话的文学评论家和经济学家

1980 年 5 月 7 日，我的博导恩师谢冕先生在《光明日报》发表了文章《在新的崛起面前》，文章讨论的是中国诗歌的路越走越窄，在诗的暗夜，要对新出现的朦胧诗持宽容态度。文章发表的背景是在 20 世纪 80 年代思想解放之初，一批以北岛为代表的诗人，用与以往完全不同的写法，写出了一批伤感的诗歌。因为诗歌隐喻、晦涩，激怒了一批当时具有垄断话语权的文坛大佬。所以当朦胧诗出现后，官方媒体掀起了批判热潮，有三个人被批判：谢冕先生、孙绍振先生、徐敬亚先生。当时只有孙绍振和徐敬亚两位先生受到冲击，谢冕先生只是被诗歌界冷落了。前几年，我问谢老师，为什么他们受到了冲击，您却没有？他想了想说，因为他在北大。这句话使我很受冲击。20 世纪 80 年代北大思想活跃、环境宽松，保护了谢冕先生这些讲真话的人。

从谢老师也可以引申一个话题，我们需要讲真话的制度，我们需要给讲真话的人一个宽松的理论氛围和价值支持。谢冕先生可以一直讲真话，这个意义上，他是中国诗歌的良心。在经济学界，张维迎从 20 世纪 80 年代开始讲企业家精神，他的观点没有变。在他当院长的时候，他就在讲市场经济和企业家精神；到现在的辛庄课堂，他还在讲企业家精神。最近，他又出了一本书——《重新理解企业家精神》。维迎老师有他鲜明的特色，但是维迎老师胆子一直没有小，声音一直没有低。所以，中国的民营企业需要这样的守护神，中国的企业家精神需要这样的吹鼓手，中国的经济社会发展需要这样具有独立人格且说真话的人。

陆游有两句诗这样写道："花如解语应多事，石不能言最可人。"这两句诗，是大前天和我的恩师吃饭时他讲给我听的。他的解释是，陆游的意思是女人如花，如果她太善解风情，就会是非很多。什么最让人喜欢呢？石头。因为石头什么也不说，可沧桑的岁月在它身上留下了耐人寻味的痕迹和鲜明的特点，这是最让人喜欢的。你可以看它的外形美，感受它的质感美，但是它不多事。

借这个典故，我们总结一下我们希望的经济学家：不要揣测孟尝君的心思，不多事，好好立足经济学家的本分，去研究、去讲解、去宣扬。是对是错都没关系，因为我们经历的是一场从没有过的市场经济革命。你最好甘愿做一块从不多事的石头，一直不变形不变色，守住你经济学家的本分。

厂长、经理、商人和企业家

中国企业家划分为三个类型，或者说三代不同类型的企业家。第一代是农民出身的企业家，这里面也有人是靠倒买倒卖成的万元户。第二代是党政干部和知识分子出身的企业家，出现在 1988 年之后，特别是 20 世纪 90 年代下海潮中形成的企业家。如果把我算作企业家的话，我就是第二代。第三代是海归派和高科技出身的企业家，这个到现在还是适用的。第四代的大众创业、万众创新的人算不算企业家我不知道，但到目前为止这一代人正在崛起。

如果没有不确定性，不需要预测未来，就不需要企业家。所以，能预测未来，能面对不确定性的人在中国社会很少，是稀缺资源。改革开放为这些稀缺资源扩展了空间，他们立刻脱颖而出，就成了你们看到的一批企业家。如果没有创新，企业家的职业生涯也就终止了，这跟熊彼特讲的一模一样。他说企业家是负责创新的。他还有一句话，一旦不创新了，变成厂长、经理了，他就不再是企业家了，而只是商人。

企业家精神讲的不光是破坏性创新的问题。在西方，企业家精神是指人们竞相成为企业家的一种行为。你想当企业家，想当能对社会起作用，能承担社会责任的人，这种竞相成为企业家的精神就是企业家精神。

企业家的登山精神

追求不确定性

登山的过程与企业家精神很像，是什么呢？就是追求不确定性。

张维迎说："企业家就是解决不平衡，并制造不平衡。面对不平衡，你要占领市场，当市场僵持时，你要打破它。"制造不平衡，可能又会在未来遇见黑马，产生新的不平衡。马云曾说，他最大的问题就是不知道目标在哪里。

大的机遇到来，对企业家来说，就是破坏性创新。登山就是挑战风险、挑战不确定性，就是挑战自己能不能活着回来。如果没有死亡威胁，对我们就一点都没有吸引力。

为什么不上香山？因为我知道怎么都能回来。为什么挑战珠峰？因为我第一次失败了。2009年我从珠峰北坡登山，我们的宿营地在8300米，到了8500米的时候，碰到一个差不多直上直下的石头坡，有一块碎石头砸中了队友。山上有个规矩，谁也不能救谁，大家都认为他要死了。他看到我一直比画着，血流出来，像石油一样。我就叫前面的高山摄像下来，给他一个步话机，让他一直跟营地通话，只有保持通话，他才有活下去的信念。结果幸运的是，他活了下来。但不幸的是，2013年他还是死在了珠峰，还是因为头部被砸伤。

登珠峰有个不成文的规矩，晚上登山，白天到顶。天一亮，你发现自己站在了世界之巅，看到的尽是万丈深渊，如山鹰在海拔7000多米高空飞翔，整个人都被宏伟无垠的山震撼了。

经过那样的插曲，我的第一次珠峰行就止步于海拔8700米。当时我的手已经没有了知觉，山下营地劝我们回去，我当时感觉顶峰近在咫尺，心有不甘，发誓一定要再来。

战胜对未来的恐惧

企业家最难的是承认失败，很多人都梦想当首富，梦想一夜成名，不给自己留余地，结果有的进了监狱，有的跳了楼。

2010年我登上了世界最高峰——珠穆朗玛峰，成为第一个在珠峰南坡登顶的中国企业家，比王石还早一些。第二年我就回到北坡，因为我从北坡失败，我必须从北坡再登上去。

在山下，大家为一点小利争得鸡飞狗跳，还是山上干净，挑战自己，挑战极限。从海拔 8400 米出发时，还有 20 个人；再过几个小时，到第二台阶时可能就剩下 10 个人了；而到第三个台阶时，可能就剩下 3 个人了，这些人就是全世界的登山高手。

为什么我一次次回来？想想山下的涮肉，每步都不想走。但我就是要试试自己的承受力，看自己什么时候崩溃，登多高才会放弃。最终将自己的怯懦全部战胜时，你会觉得生活中还有什么可怕的呢？所以，2013 年我第三次登上珠峰，是为了体验一下这种征服的感觉，磨炼斗志。

登山最大的困难就是对山的恐惧，而做企业的困难主要是对未来的恐惧。当恐惧不存在的时候，企业就没有做不成的。失败了可以再来，山下的一切都可以重新设计，拥有面对不确定性的坚强，在企业遇到过不去的"坎儿"时，你就会很坚强。

英国登山家乔治·马洛里是早期探索攀登珠穆朗玛峰的先驱者之一，他永远地留在了那里，成为全世界登山者的信仰。我登山，也源于心里有一种英雄情结。

之前中坤的商业地产做得不错，后来转型做旅游，就是一种探索。1996 年，宏村那时还是一个很破的村子，后来我把它做成了世界物质文化遗产。做了旅游后，又做演出，投资 3 亿元在宏村做了一台大型室外秀节目，不少人不看好这个，但我不在乎，不仅做，还要做好。我抱着挑战、游戏的心态做事情。

破坏性创新与留有余地

在 18 世纪，经济学家康替龙将商人、艺术家、农民都称为企业家，认为企业家就是以确定的价格买入，以不确定的价格卖出的人。后来马克斯·韦伯解决了资本家的合法性问题，他说企业家挣钱是天职，这是上帝赋予的，且要尽职尽责。到了熊彼特那里，更简单，企业家就是要破坏性创新。我考证过，其实这个源头是尼采，尼采在提出价值崩溃理论以后，他认为我们不信仰上帝了，也没有最高精神了，这个时候上帝已经死了，普通大众是愚蠢的，需要超人和英雄。这讲的是我们需要重估价值，要打破一切限制的东西，进行破坏性创新。熊彼特的破坏性创新，就是要把旧的生产要素进行重新组合，就创新了。小岗村就是个案例，实在活不下去了，十几个人一签字，打破旧的体制，结果就给中国闯出一条路，这叫破坏性创新，这就是企业家精神。当你不再创新了，你就是个商人。

所以在这个意义上，企业家精神和企业家是社会的重要资产。有两个诺贝尔奖获得者讲过，谁能讲清楚中国经济 30 年发展的秘诀，谁就能获诺贝尔奖。这还不简单？就是改革开放，把中国社会的企业家精神释放了。企业家精神对人特别重要，登顶是为了活着回来，人生是为了活得精彩。登顶不一定成功，但活着回来就有机会。

我学MBA时就明白，稳定的生活并不精彩，要想过得精彩，就要有痛苦的体验。

企业家精神的存在环境也有问题

企业家精神需要市场经济，需要公平的竞争，但竞争的背后是适者生存，弱肉强食，这种情况会有一些负面作用。虽然我们的基尼系数早在今天之前就已经过了警戒线，但是我们的财富并没有带来社会公平。现代性的悖论是，企业家精神最后不能解决现实的问题，挑战就出来了。

"92派"都是从体制内出来的，十几万、几十万人的企业做到后来都追求精神价值。这一代人快谢幕了，中国企业家俱乐部中有一半成员是做传统企业的，我们这一代人都面临转型。企业家精神是不是人类最终的精神？这种狼性，还能不能是一个企业成功的标志？

登山者的死亡率很高，为什么还要登山？这就是挑战不确定性。珠峰的路线有16条，这就是挑战的结果，每条新路线都要做好付出死亡的代价的准备。

创业要做好失败的准备。我们在北大做了一个创业营，招收 70 多个学生，报名的有 8000 多人，但真正适合投资的也就两三个。有没有创新精神和接受失败的准备，很重要。创业前想想失败了怎么办，留一点余地，让自己能够从头再来很重要。就像登山，只要活着，就能够重新再来。

企业家是社会财富

卡里斯马型人格的企业家，每个人都愿意跟着他，会被他的人格魅力吸引，但企业家必须不断证明自己有能力带领大家。我的员工都崇拜我，但是如果你走下坡路了，员工可能就离你而去了。中国发展到现在，就是一种卡里斯马现象。经济一直飞速发展，大家都围绕一个大目标前进，但不要被卡里斯马现象迷惑。

创办企业有三个要素：第一是个人的激情与梦想，所有的企业家都是喜欢做梦的，马云不知道会有今天的阿里巴巴，王健林也未想到打造今天的商业帝国。我看过《小公务员之死》后决定走出体制，也没想过会有今天的成绩。要有梦想，梦想不一定能实现，但只要相信你是对的，就有可能成功。第二是团队，看似我一个人在登山，但其实我的背后有一个庞大的由牦牛、骡子及人组成的登山支持团队。一个人要想完成梦想，就一定要有自己的团队。第三是创业环境，你选择在青海还是在北京创业，选择在房山还是在中关村创业，创业环境不一样，结果可能也不一样。

做企业，还要经受住诱惑，要懂得坚守。古希腊神话中有一个故事，诗人和歌手俄耳甫斯的妻子被毒蛇咬死了，他用歌声打动了冥王，冥王答应放了他的妻子，条件是回去的过程中不能回头。但俄耳甫斯没忍住，在回头的一瞬间妻子又被收走了。

古希腊神话中有很多故事可以用到企业中。诗人里尔克在诗作《豹》中，讲了一头被困住的豹子。很多企业家被时代困住了，不再创新。我是心有不甘，一直发奋努力再创业。我小时候是个穷人，最大的梦想是买一堆苹果，想什么时候吃就什么时候吃。我从小就想当诗人、做企业，我做到了，还做了世界物质文化遗产，全世界物质文化遗产有 900 多个，只有这一个是被中国企业家发现并申报成功的。

一个人活到最后坦然、自信的时候，一定是最有魅力的，无所谓穷富。你们会不会变成里尔克的豹子？有一天你们创业时，会不会突然失去创新的精神？

我们第一代企业家去学习的 MBA 课程中讲的都是西方的案例，讲竞争，讲狼性，这样培养出来的企业家，只相信成功，不承担责任，是没有道德的。企业家精神没有了，社会也无法进步了。大家为什么没有幸福感？因为虚无主义。现在什么都有也焦虑，过去一个苹果就能满足。只教怎么挣钱，不教怎么做事，西方案例中 80% 的企业已经倒闭了。

海明威说，人可以被杀死，不可以被打败。有了这样的精神，就没有不能成功的。我从 2005 年开始登山，2011 年我已经登完七大洲的 7 座高峰了。刚开始登山的时候，我总问还有多远到达，但当你不再问时，不知不觉就到了。人生就是这样，当你坚持到你认为不能坚持的地步，迈过去就成功了。

企业家精神与虚无主义

有一次在一个大型论坛上，主持人问了大家一个问题："1984年，你在哪里？"突然勾起了我的无限联想，我突然想1984年我在干什么。往事就回想起来了。改革开放初期，是蒸蒸日上的年代。30年前我是中央机关的一名干部，那时候我是副处长，想想如果不离开那儿，现在我可能就是一个快退休的副部长。现在回想一下，如果重来一遍，我会不会离开中央机关？我会说，一定会再离开。为什么？因为一个改革开放的伟大时代到来了。今天在座的很多年轻人可能体会不到我们是怎么过来的，那时候我们不懂什么叫市场经济，也不懂什么叫企业，但是那个时候整个中国向上走，大家都说要改革，上下一致。所以今天看到的这些企业家，像王石等一批人，都是从机关里出来的。在这个意义上，我们这一代做企业的，没有一个是经过专业训练的科班出身的。

　　我们那时候喜欢做企业。1990 年下海出来后，我不知道干什么，但是总觉得，一旦你看清楚一辈子怎么活了，就毫无意义了。所以我觉得做企业太伟大了，因为你不知道明天还"活不活"。但是当时出来做什么，真的不知道，现在回想起来，我卖过名片、玩具娃娃、茶叶、复印机等，什么都干。那时候我们人手一本《胡雪岩》，为什么看它？因为那时候我们不知道怎么做，也没钱。只觉得胡雪岩太了不起了，一个小当铺的伙计，不识字，也没钱，居然做成富可敌国的大商人。这本书在中国历史上起到的正面作用是激励经商，负面作用是有些官商勾结的现象。

　　中国只有一个儒商，这个人就是子路。他是商人，这个商人了不起，春秋战国后期社会动荡，天下不统一。子路发财后，投在孔子的门下。子路很刻苦，跟着孔子到处游学，有一次子路骄傲地对孔子说，我有钱了也跟你做学问，我现在已经做到贫而不谄，富而不骄，不丧失人格。这个标准在 2000 年后的今天，我们有几个人做得到？这个做到了，才刚够儒商的入门级。我们现在的富豪很任性，因为我们没有儒家的修养。孔子对子路说，你做得很好，但是还不够。你要做到贫而乐道，富而厚礼。再穷苦没落也要有胸怀天下的责任，再有钱也要讲礼仪，讲担当。这才真正是儒商的标准。现在有些富豪挣到钱了，觉得天下都是自己的，连富而不骄都做不到。我们要想想什么是儒商？

儒商的标准是什么？我们如何向那个方向努力。

　　企业家，其实有严格的定义。马克思对企业家是有判断的，他讲企业家就是资本的人格化，很贪婪。有300%的利润，什么都敢干。他追求的是什么？他的专长是什么？他精于算计，是资本主义经济运营的专家。最后这句话在马克思金融学说里提到过，认为他是属于革命的对象，要被打倒的。马克思之后，第二个对企业家做判断的是德国的社会学家马克斯·韦伯，他在《新教伦理与资本主义精神》中断定资本主义是一个重要的精神新教。马丁·路德的宗教改革很了不起，以前人们必须通过教会才能被上帝宽恕，所以教会到后来很腐败，卖赎罪券。马丁·路德认为每个人都可以直接跟上帝对话，只要你信上帝，就会得到上帝的帮助，叫新教，这对中世纪的封建教会打击极大。新教对资本主义产生什么重大影响？第一，要信上帝，就要遵循上帝的指令，上帝指令干什么，就要尽职，要拼命地工作，尽职是你的天职。所以资本主义有一个精神支撑你，不能偷懒，我的天职就是工作。第二，挣钱至上。工作就是要挣钱，挣了钱是最大的善事。第三，节欲，安于清贫。资本主义就是靠这个发展起来的，然后大量地积累。有一年，我在巴黎圣母院旁边的教堂，向一个副主教请教。我说《圣经》说，富人想进天堂，比骆驼穿过针眼还难。他说是的。我说我是一个富人，还在富豪榜上有名，我是不是不能进天堂？他说《圣经》还有一句话，你必须节欲，把你所有的所得贡献给上帝。所以在这个意义上，你一个富人贡献 10 亿美元，跟一个穷人把他仅有的一美元贡献给上帝没什么两样。在这个意义上，你们都是对社会有用的。

熊彼特说，企业家的特征不是为了挣钱而挣钱，而是为了实现梦想组建商业王国。企业家就是把看着普通的生产要素重新组合，马云不就是互联网销售吗？但是当阿里巴巴搭建平台时，谁也没有想到人类的消费模式还能这么进行，这就叫创新。企业家就是把你们天天看着的一些要素重新组合了，在这个问题上，从创业到创新是一个挑战，创业的时候你要做一个好商人，到创新的时候你必须做一个企业家。企业家在什么样的情况下创新？有一个景气循环的过程。企业家创新的时候，会产生大量的利润，商业的周期性好，刚好在一个好的节点上，但是创新后，大量的模仿者涌现出来，学习你，模仿你，利润就会摊薄。像房地产，谁都做，当时刚做的都进福布斯富豪榜了。然后又到新的组合期、创新期，你们恰好赶上了这一轮。所以，有景气循环周期，有什么好悲观的？经济就是这样的，从创新到利润到模仿到利润摊薄到再创新，是一个新的开始。此时不得不创新，在这个情境中，想象不到的其他盈利模式就出来了，这就叫创新。

还有一句话，企业家一旦不创新，开始经营了，他就不再是企业家了，而是商人。所以企业家的任务是什么？就是破坏性创新。这个破坏性创新的词从哪儿来的？从尼采那儿来的。尼采对当时整个欧洲非常不满，认为整个社会道德低下，价值观念崩溃，他要把一切毁灭，需要超人出来，重新创造一种价值，推动人类进步，所以叫破坏性创新。他讲的企业家，还要有一些条件，其中一个条件，就是企业家创新不承担失败的责任。他这样讲是有道理的，在美国就是这样的，像硅谷的资本家，负责对创新提供资本，他赌一把，你失败了不承担失败的责任，你再去创新，失败的责任由资本家承担。我们这一代人，在创新的时候没有这个条件，我们所有的人都要承担失败的责任。但是现在不一样，为什么？这一轮的新经济创新，有大量的风投、PE、天使投资，成长速度极快。只有在这样的条件下，真正的企业家才能出现。创新可以不承担失败的责任，所以在这个意义上，你们赶上了一个非常好的时代，应该偷着高兴，不要那么悲观。

过去30年的一个特点是企业创业不能叫创新。我们面对的是什么？是机会主义。什么挣钱干什么，我们面对不确定性，永远不知道国家的政策怎么改，永远不知道世界会发生什么事。我们的原则是什么？优胜劣汰，适者生存。所以你们今天看到的马云、王石、马蔚华等，在下一个30年的时候，再来回顾他们，他们是有可能成为中国儒商代表的。

这 30 年，给我们留下的是什么？不光是财富，还有悟出的每个道理，你们不必面临我们那样的创业环境，你们应该为这个时代鼓掌，为这个时代而激动，你们应该积极投入这样的时代。

中国企业家当下的挑战是什么？我们原来知道谁是敌人，现在我们根本不知道敌人是谁。5 年后，我们在不在，不知道，我们的敌人从哪里出来也不知道。这就是现在和过去 30 年相比的一个重大变化。以前我们的投资是可预期的，比如，我要做一个旅游品牌的项目，我要达到多少规模，在哪儿投资，都可预见。但是现在你不知道，我们过去做可预见的成长模式，土豪的生存方式、成长方式。到现在遇到了挑战，而且所有的产业都遇到了。

老一代企业家在谢幕，这一代人，打拼了这么多年，在新的经济转型中，年龄也到了，这一代人在逐渐退出去，所以我们的演讲经常会用到"背影、往事"，都是在回顾过去。家族传承方面，这一代人的后代，几乎都不愿意接班，他们看不上你的这些土豪做法。年轻人现在天天热衷于金融投资、风投，所以这一代家族企业转型遇到的都是问题，这是当下的挑战。

最关键的还是创业模式可预期性，你永远不知道你的产品明天还在不在。规则变了，互联网时代到来了，新经济时代到来了，而且这个国家在转型，过去的重商主义模式，会走向一个公平兼顾的模式。在一个巨大的解决发展的问题面前，每个人的位置都不知道怎么进行调整，过去可预见的时代一去不复返了。

我在法国跟一位大使吃饭，旁边坐了一位老头儿，岁数很大，大使很尊重他。他说他是导演，电影《杜拉斯的情人》是他拍的。他当时正在拍电影《狼图腾》。我问《狼图腾》在法国受欢迎吗？他说法国人非常喜欢这部小说。我说小说提倡的是狼性原则，这在中国是有争议的。商战，就源于狼性文化。企业家精神在过去的30年里推动了中国经济的进步，在新的30年，对企业家具有狼性精神的观念我们不能再认同了，应该有新的精神。我们要清理负面的东西，不能拿成败论英雄。

第一个问题就是我们对未来的恐惧。不知道企业明天要干什么，突然觉得所有的东西都卖不动了，原来想搞商业地产，房租的收入总是高于利息，现在没有想到，中国的资金成本在全世界都是很高的，结果你的物业都在贬值，不动产也在贬值，所以英雄好汉，几百亿元资产就被几亿元的流动资金打倒了。未来不知道怎么样，不知道新的竞争模式是什么。还有新的泡沫时代一定会到来。钢铁、互联网、房地产，每个经济形态都是有泡沫的，所以不知道这个泡沫什么时候来，不知道泡沫怎么破灭，这是新的问题。创业、创新是不是也有泡沫呢？现在商业论坛都在讲创业创新，感觉到一个时代的到来，每个人都需要知识更新，都想介入，都想看别人怎么做，怎么说，这是知识更新、智慧更新的需求。

第二个问题就是规则在变。很多人年轻气盛，带着一腔热情冲进来，这样年轻的"公牛"，闯进了瓷器店，不顾一切规则，你不知道他们会带来成功，还是一起破灭。互联网为什么那么热闹，就是有新的"公牛"进来了，这也是对当下企业经营环境的挑战。

现在也有一种为创业而创业的现象，不过，创业的失败概率太高了，99%会失败。你们只看到马云了，看不到在这之前，被消灭掉的那么多人。所以，不能为了创业而创业，要有一个试错的过程，要有心理准备，要制定规则，要守规则，不能为了创新而创新，不能说反正我创新，什么都敢干。

谁是以后的成功者？是抓住机遇的人。改变自己的思维模式、知识结构，换成互联网思维、新经济思维。

现在世界资本主义经济危机证明，资本主义伦理已经不复存在了，在华尔街的金融危机中，你看到了贪婪。我上学的时候EMBA案例有几十个，像摩托罗拉、IBM都是百年的企业，现在都不在了。绝大部分上了案例的企业已灰飞烟灭。资本主义是出了问题的，它的经济模式是不可持续的，所以再说狼性文化是不行的。下一步往哪里走？回到儒家，回到国学，回到修身齐家治国平天下，修身是把你的价值观念解决好，齐家是把你公司的创业做好，治国是跟着时代一起走，平天下是有一个全世界的观念。我们要找到自己的出发点，先学着做到贫而不谄，富而不骄。然后做富而好礼，你有了财富，就必须要有担当，要有胸怀天下的意识。

还有一条，要具有国际视野和沟通能力，现在中国的企业已经"走出去"非常多了，这个趋势是不可逆转的。我去法国时和法国总统的顾问聊天，说我看到法国没有活力，贫富差距特别大，都是高福利社会，谁都不想干活，谁的利益都不能碰。他说我说得太对了，现在在法国，活在当下变成了时髦。这是悲哀，人们没有了法国大革命的精神，也不去想法国的未来，只管当下。我是教师，你不给我涨工资，我就罢课。我是飞行员，机票不涨价，我就罢飞。所有人只为自己想。所以回头看，中国太了不起了，这个社会有无限活力。你们具备新的企业家成长、生存的社会条件，企业伦理成熟了，我们的整个企业结构也成熟了，比如风投、资本是分开的，而且越来越成熟，所以我们要有信心。

这个社会最稀缺的资源是企业家，企业家永远向上走，具备创新历史的动力和能力。在这个意义上，我们应该珍惜这个时代。我们应该发扬企业家精神，不能混日子，也不能得过且过。有了企业家精神，在创新创业的过程中不在乎成败，你不在乎成败的时候你就是成功者。我登了三次珠峰，在世界范围内的企业家里，我算是登珠峰次数最多的。我们有一个口号，登顶是为了活着回来。后来我觉得，一生的财富留下来，活着回来是让你懂得你不过如此，你就是你，你就变得从容了，从容后就自信了。失败也是我的一部分，这样的人生才是有意义的。

我给你们讲两个故事。

大家都知道哲学家萨特，他的情人叫西蒙娜·德·波伏娃，她写了一篇小说《人总是要死的》，我建议你们看看。小说写了一个人物福斯卡，又年轻又帅，而且永远不死，活了600年。这个人当年处于欧洲战乱的封建社会时代，他看着这个王朝今天被人推翻，明天那些人又被杀死，他很痛苦。他说怎么才能长生不老。有一天他碰到一位老头儿，老头儿说我给你一瓶药，只要喝了这瓶药就会永远不死。他说你为什么不喝？老头儿说这个药是我爷爷的爷爷传下来的，我们谁也不敢喝，因为我们不知道不死以后会怎么样。这个人说那我喝一口试一下，如果喝了没作用，我就把你的头砍了。瓶上布满了灰尘，年轻人擦了擦把它喝下去了，从此不死，然后见了美女就追求，伴这个美女从年轻到衰老，最终将其送进坟墓。送走了一代又一代人，以至于到后来根本没有任何激情。到最后他最大的痛苦是什么？是死不了，不能死。为什么呢？因为没有死亡活着就没有意义，不痛快。因为有死在那儿，他才知道自己要努力、要拼命。

因为他不死，人间的生死、烦恼都跟他无关。所以他最后说上帝我求求你，能不能让我死？上帝对他的诅咒是，我罚你不死。中国皇帝炼丹都是追求长生不老，但是真的长生不老了，活得还有意义吗？生命就是为了痛苦的，不是为了享受的，如果为了享受，你会永远后悔的。

第二个故事，一篇中篇小说里写了一位贵族，有钱有权，天天风花雪月，打牌，钩心斗角，这就是他的人生。有一天他弄窗帘时摔下来了，检查时查出得了癌症。一开始他不相信，后来他看到每个人的脸色都在变，太太神情也不一样了。他终于知道，我要死了啊，原先都是去参加别人的葬礼，这回自己要成为葬礼的主角了。到最后他痛苦地喊了三天，想到人都是要死的，自己整天都在浪费生命，花天酒地，没有打拼，没有创造，所以他后悔极了。到最后咽气时，他的孩子、太太都站在他面前，他用悲悯的眼光看着他们说，你们这些人还不知道活着的意义，还不知道你们都是要死的，你真可怜，我现在终于明白了。然后他就幸福地死了。

所以在创业创新的问题上，也许你失败的次数多，但更伟大，失败的意义大于成功的意义，因为你很坚强，你还在创业。人生没有过不去的坎儿，只要你坚持。

我登山的时候一开始会抬头看，我走几步就抬头，说怎么还不到，山还那么远？为什么？因为心里恐惧，不知道能不能到终点。后来我明白了，不管看不看，都必须走，我来的目的不就是受苦吗？那就不看了。后来，我突然发现，登山很有意思，于是我悟到了。在山上一待几个月，会把一生的事情都想一遍。释迦牟尼不就是在菩提树下七天七夜悟的道吗？登山让你有一个悟道的机会，所以在山上不停地走，会把人生想好多遍，把自己的恩恩怨怨、活的道理全想透了。我发现人不过如此，所以就知道登顶是我征服自己、证明自己的一个过程，不是一个征服山的过程。反过来，做企业也一样，我既然做了，怕什么失败呢？很多人的企业都是到最后那一个坎儿放弃了，然后又从头来。我的原则是，一件事要么做成，要么做败，完成了才叫成。登完山回来，知道活着真好。登山时我几次遭遇了滑坠，突然在 8800 米处氧气没有了，有可能会死在那儿，下来后我什么也不怕了，为什么？只要活着，什么都能从头来。所以生命的可贵就在这儿，如果你活着干吗要浪费，干吗要悲情，那样你活着的任务不就是找苦受吗？

最后，我悟出一个道理，人生不过如此，尽可能地不要被这个时代落下，要打拼，要去吃苦，要去失败，要去梦想，这是生命的意义所在。在这个意义上，我们讲向死而生，生命不是用来享受的，而是用来挑战的、吃苦的。

泪别珠峰

我又一次站在了人类的顶峰

但还是感到自己的渺小

我注目群山时

群山仰视我

但我知道那不是敬仰

我从芸芸众生而来

并不能因此而脱胎换骨

即便是我超越了死亡孤独

和濒临绝境的痛苦

我向一切都问好

因而从此我会热爱一切

我不再预测未来

因而从此对未来无比敬畏

我将从此告别一切巅峰

甘愿做一个凡夫俗子

我想我从此会在这个世界上

慢慢地走

让我的灵魂自由干净

当峰雪和恐惧

终从记忆中消失得无影无踪之后

我将归于平淡

珠峰今天请允许我

因为告别而在顶峰

为你献上一条金色的哈达

一个商人漫游 2049

　　19 世纪 80 年代，身材高大的德国男人马克斯·韦伯写出了他的《新教伦理与资本主义精神》。他重点说明，商界领导人和资本所有者，以及更高级的技术熟练劳动者，甚至还有那些技术和商务方面受到较严格训练的现代企业员工，基本都是新教徒。对这些新教徒进行分析，他得出一个结论，资本主义企业和对获取财富的追求并非完全一码事，凡人皆想变富，但这与资本主义几乎毫无关联。

　　对新教徒来说，在企业经营当中，遵循这样一个宗教思想：个人道德义务的最高形式即对上帝尽己任，即及时帮助自己的现世同胞。换句话说，传统的天主教徒认为，最高思想是通过遁世和静心默祷来净化心灵。但是新教徒则恰恰相反，他们认为对上帝尽己任就是帮助他人。所以，韦伯一再声明，他并不只是在谈论金钱。

这是一个非常有意思的论断。那时候的中国是什么样的呢？当时，中国的商业刚刚露头，以官为商的代表人物盛宣怀正在走红，另一位红顶商人胡雪岩刚刚死去，而且是极其悲惨地死去。他的死是因商及政，然而中国商业伦理并没有因胡雪岩的死而发生变化。

回望百年：不及格的商业伦理

实际上，直到今天，我们这一代做企业的人骨子里遗传的仍是胡雪岩的基因，而并非秉承韦伯的任何新教理论精神。拿我来说，初入商场时，虽说也经历了 EMBA 的训练，但是更多的是阅读关于胡雪岩的一本名著来理解中国的商业。实际上，这 100 年当中，我们的政商关系并没有发生重大改变，我们的商业伦理与文化并没有真正地形成。其原因是，百年来中国的社会多是动荡危难的。

在历史上，救亡和变革的压力主导着社会发展，没有一种平稳的历史背景让我们发展市场经济。也就是说，企业家与社会的关系始终处于不正常状态。新中国成立后，我们的祖国所处的国际环境极为恶劣。因而，我们的国家没有一个充分的空间和理论框架来突破以阶级斗争为纲的生存标准，就更谈不上出现什么企业家阶层。

改革开放以来，社会发生了急剧的变化。从大的政治环境上，我们处于中国历史上少有的稳定期，社会主义市场经济原则初步确立，这两个因素助推了一代企业家的兴起。然而，我们这代企业家天生是有缺陷的，在完成这种原始积累的历史进程中，我们经历了一个激动人心的年代，也经历了一个光怪陆离的社会进程。

另外，社会财富增加，富豪榜上的名单越来越长，当然基尼系数越来越大，社会的矛盾便会趋于凸显。这显然不是我们想要的东西。这说明了企业家阶层和企业制度是不健全的。

2008 年的世界金融危机颠覆了一切企业管理理论和架构，尤其是颠覆了韦伯的新教伦理原则。面对商人们的贪婪和不负责任，人们有权发问，新教徒们还是利他的吗？一切都颠覆了。我们的市场经济该从哪里去寻找精神支柱？这是目前的一个严肃的问题。我们依靠强势的政府刺激着经济的率先复苏，我们是应该反思中国企业 100 年的精神所在，还是应该借此重起炉灶，塑造我们中国的企业家精神？

我研究了中国的新诗在两次历史记忆中发生和未发育的现代性。100 年前，中国社会在反帝反封建的旗帜下，提出了民族复兴课题。文人们向西方学来了新诗，然而很快地就被同化在中国社会的政治框架和历史危机之内，新诗完全变了调调，结果我们也失去了旧诗。

到了 20 世纪 80 年代，中国的新诗以朦胧诗的模式掀起热潮，背后反映出来的又是向西方学习和模仿。后来，我们就连属于我们自己的新诗也没有了。这是因为，我们不知道该怎么处理本土文化与外来文化的关系，我们的文人在中国历史上很难形成一种独立的人格。由此把话说回来，我们的商人也没有在精神的意义上独立过，也就是说我们缺乏商业精神。

大型国企之前一直重复着盛宣怀的老路，中国企业的管理理论和精神支柱应该兴起来了。我的设想是，以孔子的秩序观和老子、庄子的社会观相结合。就是说，我们要讲道德了，要有文化了。法治社会的建立使违法成本巨大，因而企业家们不得不主动考虑企业道德和社会责任。

国企呢，照样会存在强势，但效率会越来越高，特殊利益会降至最低。因为社会进步了，舆论监督力度会大大加强。民企的经营环境，不确定因素会越来越少。一句话，要相信中国社会的进步能量，要相信到那个时候，经济全球化在中国表现得最好，我们下一代的企业家或企业继承者会有崭新的经营理念和精神面貌。行贿和腐败会越来越受到遏制。当然了，中国的企业家从一个整体群体上来说，还是富有竞争精神的。然而我们像现代诗一样，直接引进了西方企业管理学当中最腐败、最反动的精神，那就是达尔文主义、新丛林文化。这从企业家层次说明，我们没有有意识地、主动地去创造和追求一种健康的政商关系和健全的商业伦理文化。自然是不及格的。

2049 年：真正企业家精神的诞生

2049 年，我们应该是好学生。我想，经历了 2008 年的国际金融危机，中国的政治框架、经济格局都会发生重大变化。随着我们法治社会、理性社会、民主社会进程的推进，我们必定会走向一个健康的政商关系和健全的商业伦理文化的收获期。

我想，到那个时候，中国的城市化水平将达到 80% 左右，以中产阶级为主体的社会阶层阵容庞大，从而显现出一种稳定的社会关系，基尼系数降到 0.4，那时依然是强势的，希望是强势到帮助建立一个完整的市场经济体系为止。那时候我们的第二个百年奋斗目标应该是无比辉煌的，到那时我们才能真正产生企业家阶层。

我设想，中坤在那时候还有可能存在。它将拥有较大的物业经营体系和一个在世界上占有重要位置的度假产业体系。

总之，我从未如此相信未来。

将心注入，承受种种炼狱

2006 年，对一些民营企业来说，是炼狱的一年。

拿中坤来说，地产和旅游两个产业都麻烦和问题层出不穷。

地产倒是越做越大，但背景是宏观调控越来越升级，措施越来越严厉。说起来大家可能不信，其实，一方面，大多数地产商希望从房价上涨中获利，这是商人的本性；但另一方面，又都内心恐慌地盯着房价，这上涨得高，心就跳得快，都盼着房价能稳下来。否则，导致灭顶之灾，大家一块儿完蛋。实际上高利润是一时的，可能因此毁了这个行业。

这是地产宏观大背景的烦恼和噩梦、疯狂与冷静。从旅游产业上来说呢，也很麻烦。

比如，我们经营多年的一些景区，保护得好，管理得好，财源滚滚。给地方政府和百姓的分配也比较多。美国大报《洛杉矶时报》的一个中国台湾记者住到村里苦苦访问，专找与中坤经营有利益冲突的个别人谈心，挖出一大堆罪状，上了《洛杉矶时报》某版的头条，罪名是"旅游企业发大财，老百姓见不着钱"。他发布的是 5 年前、10 年前的分配依据，却绝口不提现在的分配依据。

当时，我们一怒之下，准备起诉，结果不得不撒手。为什么呢？因为在国内外，尤其在美国，我们的公司意外地接到很多祝贺的电话。很多华裔、银行从业者，甚至是美国人，都打电话祝贺我们，"你们真了不起，干得这么火，连《洛杉矶时报》这样的大报都这么大篇幅谈论你们"。致使许多原来不相信中坤实力的外国人、华裔现在纷纷与中坤谈起了合作。那周边的许多人呢，因此反对中坤起诉。真让人哭笑不得！看来挨骂有挨骂的益处。照此，真应该给那个记者写一封感谢信或表扬信，就这样说："谢谢你胡说八道地骂我，希望你继续居心叵测地骂！"

我曾在一次出差途中买了一本星巴克创始人霍华德·舒尔茨的自传，书名叫《将心注入》。看到他 20 年的打拼，从外行到行业顶级，真是一个将心注入的过程。有一条深深地打动了我，就是舒尔茨发出这样的感慨："当我们还是小企业时，我们不得不夹着尾巴做人、求人，遭尽白眼、费尽口舌。当我们把企业做大、做成品牌时，遇到的却是社会上方方面面的责难、抵触和攻击，甚至是全世界的责难和攻击。尽管我在考虑社会责任，依然有许许多多的人不信任我。"

我心里突然像气球升空一样变得了无牵挂，变得轻松了。因为我突然意识到，舒尔茨在美国的遭遇，我们现在也在中国重复着。大家都如此，没有什么不公正、不公平的。由此想到，社会真是一个万分有趣的生命体，有得就有失，有失就有得。在我看来，"有得就有失"的原则是：原来很穷，现在做了富翁，原来是街头臭小子，现在好歹也算是公众人物。但是安全感没有了，混在人群中也没有了自如感，相应地，快乐也没了，幸福呢，就变得难解释了。有失就有得的意思是，得到了财富和地位，失去了往日的许多情愫。然而，锻炼得脸皮很厚，内心很坚强，也得到了一种创造感和斗争的感觉。

说渴望失败绝对是假话，说渴望不败也是自己骗自己。只能这么说吧，拉上了这个套，就很难再回头了。既做了商人，想回头再做游吟诗人是万万不可能了。经历了如此多的肉体和心理炼狱，我闹明白了，那就是将心注入，要把一颗心实实在在注入企业当中去，要承受已经发生和将要发生的种种炼狱折磨。

儒商的来路与归途

有段时间"土豪"这个词很流行。曾经有人采访我，问我对此怎么看，我说这个"土豪"和过去的"土豪"不一样。过去"土豪"是一种被打击的对象，是革命的对象。现在是幽默的，是中国政治式、文化式的幽默。我有时候也说我是个"土豪"，因为我们还未被现在的企业伦理驯化。但我认为，要走出现代企业伦理的诸多困境，仅有"土豪"是不够的，因为"土豪"本身就是这种困境的一部分。

杜维明老师谈到"儒商"一词时说，"用今天的话说，儒商就是关切政治、参与社会、注重文化的企业家"。请注意，他没说商人，是企业家，"他们是企业界的知识精英和公共知识分子，是对世界大势特别自觉，而且有公共意识的一批知识分子"。做到这个特别难，我的看法是，儒商应该是为富且仁，为富好礼，关键是要具有时代特征的贵族气质。贵族气质在中国是要担当、要谦和、要平民化。这是中国社会当下极度缺乏的资源。

西方商人的概念

我想，必须先从西方角度来讲一下西方商人的概念。我先从现代性讲一下。尼采把"上帝"杀死了，他说的是"毁灭性创新"。尼采特别爱讲"毁灭"，为什么？因为他从现代性判断，认为西方社会已经走入虚无主义，这让他失望透顶。所以他希望"超人"出现。因而，他在政治信念上主张"贵族激进主义"，怀有道德优越感及有"天职"的使命感意识，坚称"我一定要当毁灭者"。目的是什么呢？是期待出现"超人"来拯救人类。

海德格尔也同样表达了对现代性的不满，他说，"我认为技术的本质就在于我称为座架的这个东西中。座架的作用：人被坐落于此，被一股力量安排着、要求着，这股力量是在技术的本质中显示出来的，而又是人自己所不能控制的力量"。由此，他十分悲观地感叹：我们都是无家可归的，"无家可归的状态实基于存在者之离弃存在。无家可归是忘在的标志"。谁对此做出了补充回应呢？是马克斯·韦伯。他认为："现代性的出现首先是一种经济秩序，即资本主义经济秩序的创立。"因而，资本主义精神与启蒙的主旨理性化合为一体。他所谓的资本主义精神与新教伦理结合后就体现为：至善就是挣钱，职业乃是天职，必须为之尽责的义务感。这个观点非常重要，实际上，到此为止，资本主义商人的合法性得到了确认，也暗合对尼采、海德格尔的"超人"及"上帝"出现的回应。

到了美籍奥地利经济学家熊彼特那里，尼采的"超人"经马克斯·韦伯终于出现了。这就是具有新教伦理精神的资本主义经济中的企业家。熊彼特认为：把一种从来没有过的关于生产要素和生产条件的"新组合"引入生产体系是社会的创新行为，可以形成新的经济能力。由此，熊彼特把"新组合"的实现称为企业，把以实现"新组合"为本职的人称为企业家。他指出，"企业家与只想赚钱的普通商人或投机者不同，个人致富充其量是他的部分目的，而最突出的动机来自'个人实现'的心理，即'企业家精神'，包括建立私人王国、对胜利的热情、创造的喜悦和坚强的意志"。要做到这样的"精英"行为，企业家必须具备预测能力、组织能力及说服能力。大家看看，到了这里，我们就找到了资本主义经济发展的秘密，也看到了现代性终于培育出时代的"超人"与"上帝"。在这个意义上，企业家是资本主义社会的稀缺资源。

儒商的来路

按照熊彼特的理论，企业家已经成了现代社会的一股中坚力量，这是人类历史发生的巨大变化。那什么叫儒商呢？儒商是个既古老又特殊的概念。除了子贡之外，我不太认为以前的社会有儒商阶层存在。子贡是孔子的弟子，"孔门十哲"之一。经孔子教导，他从"贫而不谄、富而不骄"上升到了"贫而乐道、富而好礼"，给今天的我们树立了儒商典范。当然，我觉得春秋时期，是存有市场经济因素的。但是，到后来，商人的地位日渐低下。为什么？因为国家经商了，商人们只能靠官商勾结而谋生。后来的商人有的可以称为"士"，"士为知己者死"，为谁死？为皇帝死。皇帝今天宴请我了，我明天跳江都行。为什么？因为他仅有依附关系，这个时候没有市场的概念。即使中国的商人有知识分子情怀，他们也从来没有独立过。为什么？因为你要靠体制分一杯羹给你。直到改革开放的时候，邓小平同志南方谈话真正把市场经济引进来的时候，中国的商人才有了自己的地位。

中国的改革开放引进了市场概念，是被动之后积极的历史姿态，中国接纳了现代性进程，产生了具有市场意义的商人阶层，我也戏称之为"土豪"。但到现在为止，问题并没有从根本上解决，要寄希望于新的改革（所以这是儒商面临的挑战）。

在改革开放的时候，像我这样的一大批人，从机关走出来了，我们这些人受到过儒家传统文化的教育，而且经历了中国经济发展的特殊阶段，愿意回头探讨中国历史的进程，这样的人才去做了商人。我们发现一个问题，其实从基尼系数上来看，我知道现在贫富差距最大的地方一个是中国香港，另一个是美国。现在全世界人类出现了贫富差距极大的现象，这带来的就是所谓的"全球性的现代性困境"，谁也逃不了。全球化、现代化，最后都要走到现代性困境里来，在中国的当下表现得非常充分。以"92派"为代表的知识分子从体制脱离，进入市场，成为具有创造性破坏意义的企业家，他们的出现标志着中国社会的企业家精神的释放。至此，完成财富积累的这代企业家已经成为既得利益者。社会的现代性困境产生的危机感、贫富差距背景下的革命情结，成为超越企业发展的重大问题，成为企业家开始考虑的社会问题。在这样的背景下，兼具传统知识分子的道统任务及市场创新任务的儒商构成了中国社会的精英阶层，同样成为稀缺资源。

当我们探讨了西方企业家的前世今生后，是不是可以试着肯定，今天我们所谈的儒商，从商的部分其实来自熊彼特所总结的企业家精神。一方面，20世纪80年代改革开放后，一代企业家在西方企业管理理论教育下出现，一个重要特征是竞争意识越来越强，狼性越来越足，具备了十足的经济动物特征。市场意识趋利性以及对法制环境的渴求和依赖与西方企业家并无二致。这是所谓儒商的企业家特征。另一方面，随着中国经济的高速发展，社会利益诉求多元化，贫富差距急速扩大，中国毫无例外地陷入现代性困境中。由此，中国企业家面临破坏性创新道德难题。对商业伦理的呼应日益凸显，儒商，就成为一个被关注的概念。世界性金融危机的发生，导致人类的贪婪本性暴露无遗。对所谓进步的疑问，也引起了对社会精英——企业家的质问。作为回答，西方企业家已无从担当了。靠谁呢？靠儒商。为什么呢？因为我们有一套历经几千年沉淀的儒学体系。从这种理论体系孕育出的中国企业家既具有破坏性创新的市场精神，又背负兼济天下的儒家情怀，具有超越新教伦理背景下的西方企业家的可能性。那就是，我们是"市场"的，又是"天下"的。我们是"破坏性创新"的，又是讲求"仁义礼智信"的。至于这是一种历史的偶然还是必然已无关紧要。

儒商的归途

我们完成了原始积累，但财富都是从哪里来的？受过儒家传统训练的一代企业家，在思考这个问题。同时这也是全世界的一个共同问题了，国际金融危机之后，大家都在思考这个问题。我们现在已经看到了，现代性困境导致商人在西方社会没有出路，我不认为人类有希望。从企业目前的伦理上来说，不可能有出路，为什么？因为竞争，也就是"狼性原则"。那么在这个时候，我们也在考虑，我们是不是应该有自己的企业管理学。

我们重新思考中国的社会应该往哪里去。在这儿我就想回到我们探讨的儒商以后的出路问题。现在出现的是世界性的失序，右翼势力的兴起、金融危机、民族冲突、生态危机在世界不同角落不断上演。新教伦理已经不够用了，它再用简单的至善就是挣钱的理论，就无法再往前走了。为什么？因为要挣钱就要竞争、要竞争就是狼性原则，这个东西在现代社会就被证明是有问题的。就是要看到启蒙的恶果，启蒙的负面性表现得无限充分。在这个时候，我们看到人彻底堕落了。所有的人都是贪婪的，华尔街多么贪婪，当然中国的"土豪"也贪婪。普世价值被工具化、被神化，资本主义精神现在走到了一个困境。此外，历史是不是终结了？前途何在？所以，当西方中心论和历史终结论被破除之后，是不是人类存在着一个需要证明的共同指向呢？

我觉得中国的儒商在这个时候提出来，就有责任价值了。在儒家理论、伦理里，要注入市场精神。市场，是一个竞争的概念，是一个开放的概念，它最能体现自由、平等、民主、正义。一定要有市场，没有市场只有垄断，那就只有极权，什么都别想。

新时期的儒商已经由杜维明先生定义了，那么应该干些什么，又能够干些什么呢？

第一，在儒家理论框架下完成古典主义启蒙任务。

我不认为启蒙完成了，我也不认为我们必须打倒它。我们要承认，商人们过于恐惧和迷信权力，从心里并不承认和相信民主平等，在社会普遍寻租的时候，商人既是受害者，又是受益者。然而，社会付出的代价是自由、民主、平等的丧失，社会就分成有钱的人和没钱的人、有权的人和无权的人、有自由的人和丧失自由的人、高贵的人和低贱的人。在这个意义上，我们必须承认：古典主义启蒙任务在中国的当下有必要推行。儒商有责任跟这个社会共同建设一个正义的社会结构，避免马克斯·韦伯所说的"铁笼现象"继续出现。那么，商人就要做到维护自身的人格。既然要讲自由平等、民主正义，你不能有了钱，变成土豪了，就官商勾结，不管平民百姓。在这个时候，先保持商人自身的人格尊严，离政治远一点，离权力远一点。这是在古典主义启蒙当中商人自己首先应该做到的。

第二，进行反启蒙的启蒙清理。

我们对过去一定要进行清理。启蒙对不对？从主题上来说它是对的，它是人类共同的财富。但是，我们要反对启蒙带来的恶果。反对理论工具化，警惕宏大叙事神话导致极权现象，从而让市场蜕变为背书，要开始考虑谁被落下了，以及什么被让渡了。从中国当下的现代性困境出发，我们是有理由提出这一点的，我们也深受其害啊。物质这么发达，人的精神都分裂了。我们现在越来越富了，却越来越不自由了。抱怨、互相谩骂，成为当下时代的"时髦"了。为什么？人的心灵失落了，没有地方可去了。那么，儒商要做的就是摆脱新教伦理带来的"丛林法则"。不是说你打赢了你就是王者，竞争要有度。这个时候要和谐，跟自然要和谐，跟社会要和谐，跟你的竞争对手要和谐。所以，那种断言中国必须补课的启蒙（神话迷恋）是要反对的。

第三，"与上帝和解"，开始以儒家伦理为核心的历史新启蒙。

我们把上帝杀死了，我们觉得人了不起，什么都能干，却发现人比上帝更坏。两次世界大战为什么都是从德国发起的？实际上，我们要看到，就是因为从尼采呼唤"超人"的出现，到海德格尔的"上帝"的等待，再到马克斯·韦伯对资本主义精神的合法性肯定，然后到熊彼特完成了资本主义市场经济的强人——企业家精神的建立，企业家终于作为一个社会阶层对资本主义社会发展起到了决定性作用，以致走向了反面，操纵市场，操纵社会，导致了一系列大的金融危机。这就是华尔街金融危机的根源，这就是启蒙的恶果，这就是现代性的困境。而且这种困境是无解的。如此下去，人类是没有出路的。在这个时候我们要讲"天人合一"，就是跟上帝和解。中国的儒家就是这样。所以我们现在要做的就是回到"人"本身，回到中国的儒家伦理体系，我们希望最后的结局是——人要诗意地栖居。儒商要培养自身的贵族气质，回归社会，谦卑自省，与大众和解，最终跟上帝、天理和解。

第四，彰显浪漫主义色彩，使以儒家伦理为主导的新时代启蒙成为 21 世纪经济全球化背景下的人文精神。

为什么叫浪漫主义？这是我最近研究的一个问题。现代性、现代主义走到头了，我们该怎么办？我们回到一个场景，就是"我们的生活本来应该那样美好的"，就是"浪漫主义"。在这个意义上我们就要探讨，以儒家理论为主导的新时代启蒙。这个当中启蒙对人类精神应该归到"仁义礼智信"去。为什么？我们应该承认存在普世价值，但这个普世价值用什么样的词语来表达，用什么样的文化来包容，我们可以探讨。我认为儒家的"仁义礼智信"是能够包容所有自由、公平、公正、民主这些含义的。所以应该回到一个"仁义礼智信"的人性的心灵的东西，"生活本该如此"，这才是我们的理想国。

这个时候，儒商能够摆脱"半人半兽"的角色。商人是人，但商人同时也是经济动物，这是马克思说过的。我们最后要涅槃，修成正果，到达彼岸。我们要从"半人半兽"回归到儒商，摆脱这个困境。

另外，必须补充的是，在儒商的概念考古意义上，可以强调：儒商在肩负市场教化责任的同时极有可能被工具化。首先，这也是历经几千年儒学上升为儒教的一个重要因素。在大多数的历史时期，儒学都被政治化，构成统治天下的法理系统核心了。其次，坚决反对儒家伦理被神化。需要一种"祛魅"的历史性清醒，神话之下是尼采的"末人"，是"劳心者"用以教化"劳力者"的术。最后，一定要看到当下存在儒家伦理被世俗化的倾向。在儒学回归的旗帜下，那种自觉或不自觉甚至是别有用心地以儒家的名义推动民族主义、民粹主义思潮泛滥的人或行为，都对儒学系统、儒家伦理的回归造成极大伤害，从而酿成历史、民族悲剧。因此，21世纪儒商阶层的建立和出现实属不易。但是，也许恰恰因为21世纪的儒商正好既承担全球化背景下的市场"英雄"角色，因而是国际的，指向未来的，又在儒家伦理回归方面承担现代性构建、普适性解释的"中介"角色。因此，儒商在21世纪可能会是体现人类进步的希望所在，是那个终能到达彼岸的先行者。

当然，也希望这样的儒商不要成为另一种神话。

尼采在1882年2月19日给勃兰兑斯的信中说："您在'现代性'观念问题上所做的工作，使我得到了最乐于接受的恩惠。因为，说来也巧，今年冬天，我恰恰也正盘旋于这一最主要的价值问题之上。我像鸟一样飞翔于高高的天际，盼望着能以尽可能非现代性的眼睛考察现代世界的一切。"这个"非现代性的眼睛"特别有意思。我现在在研究佛教。我曾在扎什伦布寺向我的老师请教，我说我们这个社会眼花缭乱，都不知道到哪里去。佛经那么多年了，它不会改吗？我的老师告诉我，永远不会改。突然我就明白了，确实存在一个永远不变的世界，但我们又生活在一个瞬息万变的、波德莱尔所说的短暂的现代性的世界。尼采为什么说这句话？我认为，他是要回到古典主义、浪漫主义，也就是要回到我们儒家理论的探讨，就像《圣经》一样，一个标准放在那儿，也是不变的。我们现在用不变的理论体系，用这个眼光，回头看看我们这个世界到底是多么肮脏，多么恶心。那么，明天应该是什么样的？

在这个意义上，重归传统的儒家伦理体系，以非现代性的、非功利的历史眼光来解释考察现代世界、现代中国，可能会真的成为儒商在 21 世纪自觉或不自觉的神圣天职。

实际上，要一句总结的话，应该这样说：儒商是具有儒家理论修养及天下情怀，同时具有市场创新精神的熊彼特意义上的 21 世纪企业家，是时代的精英，是社会的稀缺资源，对社会经济发展文明的推进具有典范作用。

新商业文明的可持续之道

中国企业家往往容易被社会宠坏，但是在登山的过程当中，你会慢慢发现，自己其实是微不足道的。

回头来看现在的商业社会。过去我们没有商业，突然进入一个商业社会里，我们只看到了现在，以至于谈论什么都必然谈到钱，商人更是如此。在这样的境地中，我们有没有想过，所有企业的行为都是在进行最后一搏？

新商业文明在当下应该怎样？我们这一代企业家都是自己打拼出来的，西方培养一个福布斯富豪大概要两三代人，我们在短短十几、二十几年的时间里培养了不少福布斯富豪，是因为我们能干吗？不是，是这个时代给了我们空间，是改革开放把中国社会的企业家精神释放了，是这个时代、这个社会成就了我们。在当下提出国家战略转型是非常重要的，新商业文明的意义就是我们要跟国家共同成长，只有国家的战略转型了，企业才能转型，迄今为止许多企业家恰恰忘记了这一点，把自己看得无所不能，这是新商业文明最大的敌人。在新的国家转型中，企业的新商业文明应该与社会共赢、与对手共赢、与员工共赢、与未来共赢。我们应该以此制定发展战略，比如不再做机会式的财富积累者，要懂得与社会妥协，要站在社会的立场思考，要站在执政党的立场看待企业发展，要站在一个国家的立场找到自己的位置。我们应该创造新的商业文明，承担、感恩与共享。

推进新的社会价值观念也是建设新商业文明不可或缺的一部分。我们不是要去争夺资源，也不是要去争夺话语权，更不是尽可能多地获得财富，而是要学会为社会做贡献。比如过去的企业模式都遵从我把你打败了，市场份额就是我最大，以后需要改变这种想法，我们要与这个社会共同可持续发展。所以我们要把固有竞争模式转变为社会共同进步成长模式，我们应该不作恶，不追求暴利，而是追求一个与新的社会共同成长的空间。

我一直在想，新商业文明建设过程中，能不能提出一个赎罪的概念。中国发展如此之快，全世界都不可比拟，但是不要忘了，我们掠夺了资源，我们带来了社会资源浪费，这是不可估量的。在新的商业文明建设上，我们应该绿色、低碳，做企业的人从现在开始也为时不晚。

有一次巴比晚宴邀请了我，看了邀请函后我心里特别不舒服。整场晚宴一共邀请了50个企业家，两个人邀请50个人，我们怎么谈话？他们刚来的时候，把劝捐的调子提得很高，最后变成了道德考问，晚宴去还是不去，成了一个社会问题。

后来我决定还是去。原来很多人都说不去，但我去的时候大厅已经差不多坐满了。巴菲特和比尔·盖茨出来以后坐在台上，由杨澜主持。两人讲得非常好，用平和的姿态和中国企业家交换意见，他们没有讲一点客套话和官话。比尔·盖茨说，我先让我的家人生活好了才做慈善。巴菲特也说，现在我捐是因为我自己的钱永远花不完。这其实也是在探讨一个新的商业文明。

中国企业家要真正回到慈善的道路上，这个道路应该是精神文明建设，是与社会共享财富，再分配的道路。现在中国企业家有着特殊地位，这个时候如果倡导共享的理念、回报的理念、感恩的理念，社会会更公平一些，这对新商业文明建设也是很重要的。

新商业文明的可持续之道在于我们这一代企业家自身的修养价值和观念提升。我们这一代企业家是踏着狼性原则走过来的，狼性原则的核心就是竞争。在下一个发展阶段，我们这一代中国企业家应该把金钱追求、价值考量提升到最高层面，不是被动，而是主动。如果我们这一代做企业的人都从自身价值观思考问题，改变行为模式，改变竞争方式，改变利润观念，那么，距离新的商业文明建设就不远了。

成长的逻辑

做企业不要赌命

从繁荣到萧条，它的时间有多长？

从房地产来看，需要 12 年左右。中国的房地产业，几轮调整也确实如此。这是我在酸甜苦辣的 2009 年春节闭门读书所得出的结论。

这个春节期间，我看了很多书。首先看了汪晖的《去政治化的政治——20 世纪的终结与 90 年代》。作者在书中分析了中国社会成长的时代背景。

这种背景对应的是，我们这代做企业的人，注定会从世界经济及中国经济快速增长中获益。而这个时期的背景则是，新自由主义经济盛行、信奉市场那只看不见的手。究其源头，这股风潮的始作俑者应该是里根、撒切尔。在这种背景下，中国房地产走过了兴旺的十几年。接下来，市场的力量又把世界经济及中国经济推向了从繁荣到萧条的过程。比如，全世界的房地产走向了一个从高泡沫到泡沫破灭的阶段，这引发了全球性的社会矛盾。在过去，这种矛盾可能会上升到阶级矛盾、阶级斗争。问题是：我们根本逃不开这样的循环过程，也就是说，我们根本逃不开经济周期。

于是，又引出另一本书，美国作家拉斯·特维德写的《逃不开的经济周期》。在这本书里，作者深入分析了300年来西方国家经济循环的事实和各派经济学家的理论，揭示了经济周期性特征和规律，让我了解到周期是推动创造性毁灭和经济增长以及复兴的关键力量，而在对经济循环的正确理解下，我们可以预测经济波动，并由此规避风险、顺势而为。简单描述，经济发展有以下阶段：静止、增长、信心、兴奋、激奋、发展过快、震荡、压力、停滞。得出了这样的结论，我的心就坦然了。

这本书真的打破了我心中以往"企业可以无限发展"的美梦。我们总是被成功迷惑，由此就忘记了我们身处经济周期的繁荣时期。于是，我们以为我们可以越做越大；于是，我们感到土地会越来越值钱，房价会永远上涨。我们都争着找越来越多的钱，抢夺越来越高价的地，直至这个游戏崩盘。

在这个意义上，我认为包括我自己在内，如果逃不开这一轮经济周期的惩罚，企业的破产倒闭确实咎由自取。一句话：活该！当然了，说点儿高兴的事，潮水退去后，活下来的企业，以后要时刻牢记经济周期是逃不开的。这个意思就是说，做企业要往长远里想，不要赌命。对于中坤来说，一定要做行业创新、地产产品的创新，承担社会责任。

慢慢地吃肉，稳稳地走路，舒舒服服地睡觉。

民营企业的政治学

　　近年来，我看到了房地产界的种种危机。作为商人，我的内心当然也是七上八下的。但坐在车上看着满街的人来人往，你无法说清人们匆匆忙忙地都要去做什么、获得什么，也不知道他们的喜怒哀乐。突然一想，自己原来不也是这当中的一员吗？明天，不是很有可能也得在这大街上骑自行车、过地下通道吗？所以，这眼下的纷争又有什么可难的呢？难道真正是一个人富过了就不能再穷吗？

　　话是这样说了，心里也豁然开朗了。项目要接着做，问题也要接着想，想法也会接着有。某日，突见一著名的经济类报纸上一位著名学者的专栏文章，揭露的是房地产行业高利润的秘密。

　　有意思的是，这篇文章讲了一个观点：开发商拿到了土地，从持有土地到建设期间的几年，是土地最大增值的过程。这个增值上涨的收益应该归后来买房的业主所有，开发商仅仅类似于托管人，至多只收一点佣金而已。我不是经济学家，我尊重学者们研讨问题的权力和能力。这篇文章是相当冷静和客观的，力图从根源上或者说从利润的原生态上来探讨房地产业高利润的秘密。这比起许多学者简单地谩骂和宣言式地下结论强百倍。理论太高深了，咱没法太仔细地琢磨。但我想问一个问题，那汽车是钢铁做的，钢铁是由铁矿炼出来的，咱是不是也要把开矿人的利益还给买车人呢？那开矿也不是一般人能做的。就拿咱家家户户都在用的煤气来说，那也是开矿的人辛辛苦苦挖的煤生产出来的，咱是不是也只用付给那矿主一点佣金呢？

可是，这煤是民工挖的，矿是国家的，钱是银行的，凭什么是矿主富呢？这是让我这样的二流企业家没能琢磨明白的道理。我们的时代是不是真的需要重新产生一位"马克思"，重新界定剩余价值？

这位尊敬的学者还举了欧美的例子。就是在这一条上，我恰恰有一点发言的欲望。我们在美国也有企业，对于美国的房地产市场和中国房地产市场的异同，我们是直接的感受者。因为，我们在中国都被认为是奸商，靠不义之财获取高利润。可是，我们在美国可没有享受到这种"殊荣"。美国的买地建房程序大体跟中国差不多。第一，政府用的是招拍挂形式，你自己可以选择。我们买地采用的形式是以招为主，即由政府规划好土地，由专门的土地商做好前期开发，挂牌出让。买地的和卖地的不见面，有经纪公司，银行跟进。卖地方一般都会同步提供可以提供贷款的银行名单。一般来说，购地贷款银行的行规配套50%，个别信誉好的配套60%。一年后进入开发阶段，银行配备70%的建设资金，开发企业需自己持有30%的资金。承建商也可以自己贷款替开发商建设，意思是带资施工。一切都是规矩的。地比国内便宜，程序比国内简单。专家学者们说再多总没去做吧，我们是商人，总不会傻到拿着大把银子四处乱撒吧。所以，请相信我说的是真的。

由此说来，照这位学者的论断，美国的土地持有者、一级开发商和接下来的开发商是不是都应该把项目建设期、开发那几年赚的钱还给后来买房的业主呢？既然专家学者动辄拿欧洲、美国说事，那我就告诉你们，你们这套理论在美国也行不通。

我想，就跟经历了20世纪80年代以来"姓资姓社"的种种争论一样，目前的和以后的争论还会继续。只是会越来越理智，越来越和谐，越来越法治。当然了，眼下商人陷入争论，做企业会考虑社会情绪、政治问题，这都是不成熟的。商人和开发商作为社会公民所承担的责任，首先要顾及社会和谐与稳定。但是，我们的专家学者也要顾及社会的和谐与稳定，应该真正地像这位学者这样从理论上公正地提出问题、研讨问题。

未来战士

2012 年，中坤和普洱市政府的一个投资协议（中坤拟在云南普洱牵头开发原生态国际休闲养生度假区，项目整体投资规模约 500 亿元）搅乱了社会和媒体。从普洱回溯到冰岛，为什么每次我们出手，都会引起社会和媒体的围观、议论？大家都在想，普洱有什么好东西，为什么中坤跑到那里去？这极像在动物世界里，一头狼发现了食物，狮子、狐狸们便都尾随而至。于是，又开始了一场新的生存之战。

我想我需要的就是这样的效应。实际上，当下的民营企业都需要寻找下一步的发展空间。我们处在一个大变革的年代，其中也意味着一个大的突破机遇。民营企业从来都是在危机当中诞生和成长的。中国的经济顺利和富足时，国企，特别是利益集团都会重新返场。在这样的时刻，民企所能做的是保护自己不被消灭，至少不被挤出市场。进入普洱市是中坤看准了中国经济转型时，在中共十八大之后，在"十二五"期间会到来的一次"再革命""再出发"。经济格局会有某种意义上的洗牌，市场化的程度会再度宽松。也就是说，中坤看好未来，看好我们国家的经济转型和二次改革。所以，进军普洱不是"浪漫"，是对未来的准备。中坤的预测是对的，是有备而来的，是对中国经济长期发展的看好，是对中国的深入改革抱有信心。

普洱的项目是中坤的一个梦想，是中坤多年来在旅游地产开发建设方面的战略结晶。签订协议后，在国内外掀起的普洱热潮，以及当下普洱热热闹闹的招商热潮、投资热潮，让中坤欣喜。跟国际上不适应一个民企到冰岛购买那么大的土地进行投资一样，国内给中坤在普洱的巨大投资也带有种种疑问。

大家忽略了一个现实，中国成长起来的民营企业，是成长于千千万万倒下去、死掉了的民企的废墟之上的。对于投资的战略理念、规划以及操作能力，民企已经熟能生巧了。大项目、大挑战、大游戏是一道必须跨过去的历史的坎儿。中坤坚信推动普洱项目的实施必将是推进中国旅游地产升级换代的一个标本建设。前提是，在保护的、可持续的战略规划框架内，即便是项目推进得慢，或者说推动不利，也不至于带来任何一方的损害，这是底线。但是假以时日，项目成熟后，将改变普洱的经济社会面貌，推动中国的旅游、度假事业的成功转型，推动当今中国经济转型的大目标、大方向。这是一件很有意义的事儿。这是又一个梦想。当美梦成真时，一切都是值得的。

冰岛是另外一个问题，它只是中国民营企业"走出去"的一个小故事，也是中坤度假产业、旅游地产的一个战略布局，是一个国际化战略梦想。中坤不愿回避，也不想放弃。做了这么多年民企，活下来的重要原因是胆子大、脸皮厚以及不放弃。这是我们的生存之道、发展之道。

"绿色发展"是中国民企在下一个30年一定要严肃思考的问题。能不能成为绿色公司的关键在于是否在一个国家经济的转型中找对了方向，走对了路，或者说敲对了门。抛弃掉暴利思想，做"资源持有型"的与社会"友好型"的产业经营是找到了生存安全的底线。这可能会使我们发展得慢一些，但是更安全。我们要选择的产业应该是那种在中国经济终于达到又一个高点时，或者说成为世界第一时，我们突然发现我们自己的产业资源或者说钱袋都升值了，膨胀了，那才是真正的成熟了。

普洱和冰岛的投资就是我们这样的梦想之路、绿色之路，以及想成为绿色公司的梦想之路。这其实是一种社会责任型的投资，真正是一种"节约型"的，"友好型"的，以及"文化型"的投资。它将把我们跟那些商人、暴发户、赌徒，尤其是那些垄断者区别开来。在这个意义上，成功与否已经不再重要了，因为我们不是苟且偷生者，不是行尸走肉者。我们是梦想者，是未来战士。

复合型旅游：开创性思维与实践

也许是一种机缘中的必然，中坤集团提出并倡导了"复合型旅游"这一理论。中坤集团在近十年的旅游投资，开发与管理的实践中，根据丰富的经验与前瞻性的视野总结出了这个新的发展理论，并用来指导自身的旅游事业。

深入探究就会了解，"复合型旅游"的最大价值不只在其理论的创新性与战略性，而且在于其对中国旅游业整体发展模式的可指导性与实用性。

说旅游改变中国，我想一点也不过分。中国旅游业在改革开放 40 多年来对中国经济的推动作用是有目共睹的。旅游业已经成为国家拉动消费、促进文化交流、保护传统文化的主要手段，也成为地方经济的重要组成部分。在欠发达地区，甚至可以成为支柱产业。可以说，旅游业的产业关联性和经济带动性也决定了旅游企业应当承担起更多的社会责任。

所以我认为，中国的旅游企业，应当联合起来，积极探讨产业趋势和投资新模式，努力做到投资一个项目能够带富一方，促进城乡均衡发展，做负责任的旅游投资商。

中国的旅游行业目前面临众多体制上的问题。比如，部门管辖利益造成多头管理，资源被地域性分割造成开发的重复与浪费，观念落后于现代人求新求变的旅游心理，传统"吃住行游购娱"的理论已经陈旧，旅游开发规划方式还停留在传统模式下，等等。

中坤集团根据自己的实践与创新，提出了初步的解决方案，即按照"复合型旅游"理念，深度开发旅游产品，从传统旅游向"复合型旅游"提升。

近些年，中坤旅游主要做了以下实践工作：

一、研讨新趋势，进行创新理论构建，根据实际经验总结出了"复合型旅游"理念。"复合型旅游"是适应中国旅游创新发展而适时提出的一种新概念理论体系，其理论的核心观点是：强调旅游产业的发展要依托自身的行业和产业特点，要用统一整合和协同发展的系统手段，在产品研发和打造、产业投资和空间分布、市场战略与营销、旅游品牌与控制、产业内部管理等方面，形成一个有机构成和和谐互动的发展系统，打破在传统的产品体系、投资体系、功能体系、空间体系、市场营销体系中存在的诸多制约和束缚，使区域或产业旅游发展在产品复合、投资复合、功能复合、市场及营销复合、品牌复合等方面实现高度一体化和系统化，并依靠这样一个复合型系统实现创新性发展。

二、研究新的投资模式。如我们在宏村的实践。最初我们接手宏村时，先出资做保护计划，协助政府申报世界文化遗产。当时宏村门票的历史最高收入是每年17万元，通过我们这么多年的整体促销和管理，我们不仅有效地保护了宏村这个世界文化遗产，并且带动了周围十里八乡的经济发展，使周边的农民增加了收入，形成了黄山旅游的板块效应。中坤进入宏村近10年后，在黄金周期间，宏村每天的门票收入最高可近50万元。黟县的经济模式完成了由小农经济向旅游经济的转变。中坤成为当地的旅游纳税大户。宏村的案例说明，通过投资的区域化和板块化，可以实现利益的多赢化，一个项目带动多个层面的发展乃至整个地区的经济发展。

三、研究行业特点，保护行业利益。传统的旅游开发模式下，各地各部门间各自为政，瓜分完整的旅游资源。为了最大限度地利用本地有限的旅游资源，各地政府以旅游资源为噱头大力招商引资。在招商中，还经常出现"开门招商，关门打狗"的现象，这都是地方保护主义与投资项目的不可移动性造成的。中坤集团打破了这种模式，联合几个地区，进行旅游资源的整合开发。我们与新疆5个地州同时签订了合作协议，在南疆地区整体开发旅游，为整合资源，避免恶性竞争和资源浪费做出了努力。

四、承担行业与企业公民责任。我们投资研发了"中坤旅游标准"，这个由中坤集团下属的中坤研究院自主研发的拥有独立知识产权的"中坤旅游标准"体系，是由中坤集团主导开发的一套适用于中国旅游业的完整标准体系，集开发模式、运作方法、设计施工等各个旅游业经营要素于一体。

中坤研究院还将跟各地方合作进行地方标准试行应用，可以说，"中坤旅游标准"的研发，对整个中国旅游业的贡献是巨大的。

五、积极与国际大型企业对接。中坤集团积极推动与国际性旅游企业的对接与合作，这些合作，有助于引进资金和经验，也将引进国际先进的旅游运作模式。

六、内部多体制、多模式互补。中坤集团是一个以地产和旅游两大业务板块为主的大型集团。我们有多层面、多平台的业务体系，在旅游规划、开发、经营、管理与营销的各个层面，中坤都有自己的专业队伍。这使得中坤集团具有了强大的资源整合能力和大型项目的操作能力。

在几十年的旅游业投资实践中，中坤有许多体会。首先，复合型旅游的投资会给地方在短时间内带来巨大变化。我们在宏村、南疆和北京门头沟的投资都显示出了这一点。中坤的投资迅速带动了景区景点周边的经济发展，提高了农民生活水平，当地旅游经济走上了可持续发展的道路。

其次，对复合型旅游的投资可以让企业积累品牌口碑，锻炼企业经营能力，增强企业竞争能力和抗风险能力。旅游业本身的行业关联性，使企业可以多方积累品牌口碑，并逐渐组建自己的多方向人才队伍。下一步，我们还将积极与行业内的其他企业建立合作关系，与中旅、国旅等老牌的国有企业合作完善酒店管理和营销网络。

我们还有一个很深的体会，中国的旅游企业应当抱着感恩的心情，珍惜现有的旅游资源，更好地保护、开发和利用资源，更好地为当地百姓造福，以此来赋予旅游业以更强的生命力。我们的目标是将中坤建成具有以复合型旅游理论为构架的网络营销平台及专业旅游研究院的大型旅游产业集团，形成以西部为主的自驾车基地、房车基地和青年旅社网络，形成分时度假系统、国际登山等户外运动产业系统和覆盖国际国内的营销系统。

中坤集团的理念是，让我们为社会再多做一些。作为一个有社会责任感和丰富实践经验的旅游企业，中坤旅游将继续努力为行业进步开拓理论基础，为社会发展做出自己的努力。

对快速扩张说不，企业应顺势而为

中国的地产界面临着生死抉择和竞争，4万家房地产企业都要生存，但是最后会变成什么样？肯定有个优胜劣汰的过程。我们在宏观调控的背景下讲地产企业的生物进化，其实说的也是一个生态链的问题。

要做负责任的地产企业

地产业在中国刚刚起步，如果说地产业在美国成不了全国性的大行业，在中国我也不相信有非常大的全国性地产企业。中石油、中石化的利润动不动就有上千亿元，而地产企业销售额上百亿元的都没几家。但现在有些企业的竞争还很不理性。

地产企业要追求高美誉度，不能只是以追求高知名度的方式搞"大跃进"。"大跃进"就是追求老大，例如拿了多少地，储备了多少地，有多大的营业额和销售量，这种倾向值得警惕。事实上已经有很多知名企业倒了。宏观调控时，你的战略制定得过大，你的问题就会最大。

中国地产企业前一段时间经历的是比较狂热的阶段，大家都是以量取胜。地产也是很专业的行业，所有的公司都想进入地产，就导致了行业不规范以及房价、地价上涨。这也是中央不得不进行宏观调控的重要原因。

房地产不是一般商品——不行就淘汰，房地产的无序开发会造成土地的浪费以及对金融的冲击。消费者购买地产企业的产品，有70年的期望值。地产企业应该做百年的企业，要做负责任的企业。

与"大跃进"的企业相比，中坤是保守的。这几年我们还在生存期，希望做到量入为出，将项目做好。我们有一个项目，拆迁花了很多钱。曾经有5个企业接触过这个地块，但都不敢做，我们做下来了，我们要的就是项目位置的稀缺性。我们也可以做成高容积率，但没有这么做，容积率降下来了，居住品质就提高了。现在购买这个项目的业主都将我们的房子做第一居所。

地产企业做项目应该循序渐进。前些年我们的地产企业是全面突进、四处开花，现在政策一调控，就带来了资金链的问题。中坤的做法是做好一个项目，拿着另外一个项目，看着其他的项目。不能只看现在扩张规模如何，活到最后的才是活得最好的企业。

终极目标决定生存方式

地产企业不要过于强调竞争力，战略要制定得稳健。现在不少大地产企业把目标定得很高，譬如追求销售额达到 100 亿元，目标是达到 1000 亿元，等等，这种终极目标决定了企业的生存方式必然是快速扩张。这些企业快速扩张的特点其实就是"赌"，而以"赌"的心态或者说投机的心态做企业，已经导致很多企业倒闭了。

中坤做的商业广场项目，没有人跟我们竞争，这就是项目的特色。大家都做 MALL，我就不做。我做的是城市休闲产业，不与其他的企业搞竞争，而是找出自己的生存方式。譬如，中坤将地产和旅游结合成为"地产旅游"，在新疆 120 万平方公里内的主流景区可以做长期经营。

预计 5 年后的门票收入应该有 20 亿元。中坤正在为 5 年后的发展做资金储备，在黄山、宁夏、新疆，组织了一个强大的资金流。

现在城市的土地不够，开发商怎么办？中坤最近在北京做旧村落改造。企业出钱改造旧村落，政府高兴，老百姓也高兴，大家都高兴。地产企业的发展也有多种方式，不要非得跟其他企业去硬拼。中坤的策略是差异化竞争，我们有的东西别人竞争不了。

不要和政府博弈

我认为，企业要做政府和政策的好孩子，不要和政府博弈。政府看经济的角度与企业是不同的，它可以随时调控。如果地产企业没有这个心理准备，就会很危险，如果有这个准备，就会做得稳健，成为最后活得最好的一个。

早期进入地产的企业都挣钱了，因为政府支持，银行也支持，消费者更支持。中坤在美国也有房地产开发项目，是探索性的，走了一些流程后我们发现，中国的地产界太舒服了，钱太好挣了。美国地产界不可能出现中国地产界这种情况，譬如跨行业发展、低品牌意识和法律规范缺位，中国的地产企业活得太滋润了。

地产界不能再指望经过这次低谷以后会再度猛涨，政府不可能再像过去那样"扶市""救市"。地产界要密切注视和重视政府发出的信号，政府也不可能不再出台调控政策。

宏观调控的周期性是不可避免的，任何国家都会对房地产进行调控，包括美国，购买第二套商品房，首付款比例提得非常高。中国地产界刚刚进入健康发展的轨道，宏观调控让大家明白，钱不是那么好挣的。中国的地产企业要做负责任的企业，要做有道德的企业。地产界动不动就说贵族生活、上流社会，这是暴发户的思想表现。同时，我们也希望社会不要将地产界妖魔化。

品牌是个坎儿

品牌与创新是 20 世纪的一个话题，作为一个企业重提时，我想讲两个故事。

一个是关于普洱的故事。

我曾经在普洱走马观花地看了 3 天。众所周知，普洱市原本叫思茅，后来改的名，是因茶而得名，但是也是普洱政府打造城市品牌的重大决策。看普洱，十分吃惊于它的生物多样性、气候的适宜性和它的民族文化多样性。最令人吃惊的是它的"落后性"。40 多年，中国高速发展，创造了奇迹，给世界做出了巨大贡献。然而，也产生了社会问题、环境问题。为什么呢？因为大家还缺乏一种科学发展观，急于发财致富，急于强国复兴，忘记了我们发展的方向和目的究竟是什么。普天之下，千城一面，千山万水都是建设开发大潮。结果，我们的国际度假胜地在不少地方飞速打出了名号，貌似有了品牌，貌似这是创新的，是政府经济创新的结果。然而，少数地方臭名远扬，怨声载道，导致一个品牌在刚刚提出概念之时，就被打向了地狱。

普洱作为森林资源比较丰富的地区，面对诸多挑战，把生态保护建设作为重中之重，决不以牺牲环境的代价换取一时的表面风光，坚定不移走资源节约型、环境友好型的可持续发展之路，为一个品牌的建设奠定了稳固的基石。

上面的故事说明，"野蛮发展"和"急功近利"是与品牌建设创新的道路背道而驰的。方向错了，你走得越快就越适得其反。相反，像普洱市这样以历史发展的眼光，以时代品牌建设为起点，与国家的经济转型同行、同向，就必将在中国经济发展的历史上留下业绩，必将拥有自己的国际品牌。

另一个是野蛮生长与理想丰满及品牌建设的故事。

中国的经济发展在于改革开放带来了前所未有的企业家精神的大释放。然而，市场经济的本质决定了企业家精神也就是创新本能也具有原罪、野蛮性和逐利性。这就是冯仑所讲的故事。曾经有几年，你走到哪儿的机场、书店，《野蛮生长》封面上的冯仑都那样微笑着看着你，说野蛮生长。每次看到他我都觉得心里发颤，觉得他是在说我。后来，他又写了一本书叫《理想丰满》，封面设计得很富有诗意，或者说小资情调。弄得你都不好意思在机场的书摊上认真地看他的封面。这本书他讲的是商人的原则、道理和追求。

我们这代做企业的民营企业家，都是时代的受益者。然而，我们还没有真正在世界找到位置。"十四五"时期中国政府的经济大转型，实际上给这些企业家提出了历史要求，那种暴力发展不穿裤子游泳的时代结束了。你要在一个经济全球化的市场条件下去竞争、去发展，就再也绕不开品牌这个课题了。简单点说，在下一个30年，如果你还不能建立起你自己的品牌，你在这个世界上就什么也不是，顶多你就是个有几架私人公务飞机、几幢豪华别墅，喝拉菲，抽雪茄的商人而已。

当然，品牌的建设一定要跨越一个门槛儿，那就是企业公民这个坎儿，市场经济的原罪性常常让商人和撒旦恶魔差不多，不择手段，唯利是图，奉行的是狼性竞争、新丛林法则。这也是与品牌建设背道而驰的，许多所谓的国际大品牌、大企业来到了中国立刻偷奸要滑，舐血嗜利，闯红灯，卖假货，污染海洋，坑顾客。这说明什么呢？说明如果没有国际化的企业公民建设这一课，如果商人不成为企业公民，他就不会有道德感、责任感。他所提倡和追求的品牌就是一块遮羞布，是一种伪品牌文化，最终自取灭亡。国际金融危机中，我们眼看着在读EMBA、哈佛学校案例上的大公司、大品牌一个个灰飞烟灭。它们一个个陷入欺诈的陷阱。在下一个30年，我们中国的民营企业该怎么走，要好好吸取这些教训。

我想，首先我们要认识到要作为企业公民生存于这个世界，就是说我们要讲道德，承担责任，而不是唯利是图，简单地让自己变成世界上最富的人。作为一个企业公民的必然需求是追求品牌精神，在这个道路上要耐下性子来，要顺应转型时代，尽快改变我们的盈利模式，抛弃那些末世情结、暴富情结，向普洱模式学习，宁可钱挣得少一些，自己的飞机小一些，也要踏上一条品牌之路。

中坤是一个追求度假产业品牌的企业，实际上也在一条品牌创新的路上。度假产业和旅游产业提供的都是服务产品，也就是说文化消费服务和精神消费服务，这是终极消费产品。然而，快速扩张城市化，投资外贸，在外向型经济驱动条件下的发展，让我们缺少服务意识和服务体系。在这个行业进行品牌建设实际上是一场创新、革命，我们下决心要建造一个国际化的产业网络，而且制定国际化的品牌战略、人才战略、资源战略，从建设管理、服务、营销各个战略方面进行突破。这是一个任重道远的品牌建设之路。但也是必经之路。给我们时间，让我们建立起属于我们自己的国际化高端度假品牌，这也是冯仑所说的理想丰满吧，或者说是另一种光荣与梦想。

走麦城

登珠峰和做企业一样，充满挑战和不可预测

　　每个作者可能都会根据自己的生活经历去设计主角。他要体验那个主人公的角色，就必须融入进去，才可以把自己写出来。我就是在写自己，所以《珠峰海螺》这部作品，应该是到现在为止，较少有人写的有关珠峰山难经历的题材，如果不是自己爬过那么多次珠峰，是不可能写出暴风雪的，真的写不出来。

　　关于商战写作的这个部分，如果你仅仅是一个作家，你去想象商战多残酷，那也体会不了那么深刻，所以这两个角色，还是从我自己对生活的体验出发，严格地讲是有自己的生活在里边。人在自然面前是渺小的，你不是征服山，而是顺从它。但是你需要有坚强的意志，所以这个主人公最后从珠峰活着下来的时候，他实际已经经过精神的洗礼，自然就什么也不畏惧了。

　　写商战主要需要了解这几十年中国发生了什么，这个主人公是个新人，改革开放后才出现了企业家这个概念，这些企业

家在中国社会的改革开放中起了巨大的作用，但是他面临着什么呢？面临心灵的裂变。社会财富在增长的时候，带来的问题是整个价值观的分裂。所以这篇小说通过这两条线，体现了人性的真善美和假恶丑，还体现了忠诚与背叛、金钱与灵魂，在这个意义上，我觉得是改革开放40多年，我所体验到的经历过这个时代的一代人真实的心路历程。

珠峰最大的挑战是天气。珠峰的气候一天有几千次变化，珠峰的风险在哪里？就是你不可预测它。其实跟我们做企业家一模一样，做企业家的一个挑战就是不可预测，像俞敏洪，他哪能预测到新东方会遇到这么大的一个政策变化，所以它的魅力也体现在这儿，在这个意义上，珠峰是不可怕的，可怕的是不可预测。

我在2009年的那次登珠峰就失败了。2010年我从珠峰南坡上去的时候，遇到很多深不见底的大冰裂缝，架了一个很长的梯子，我从梯子上往下爬，但没想到等我走到了，天已经亮了，上午天气热，冰雪就开始化了，在冰雪里梯子的三个爪有两个都已经脱出来了，我爬到梯子中间时稍微一偏，梯子立刻转过来了，我回头一看下面万丈深渊，掉下去肯定没救，然后等了几分钟后心静下来，我就慢慢地倒着爬，爬了五六米，脚一落到那个雪地上，立刻就跪下了，人都瘫了，所以这种风险就是瞬间的。

　　人在危险的时候，会想到一生中很重要的事，觉得好像回忆了一生。我当时想的就是，小时候妈妈怎么打我，课堂上老师叫我站起来，在黄河里游泳……就 10 来秒，却好像一生重要的事全部在这儿。只有你真的经过这样突发的，濒临死亡的绝境的时候，才会出现这种感觉，所以好多人说，梦见自己去天堂，那其实是人要死的时候的一种本能的生理反应。

　　登山是对人的意志的挑战，并不仅仅是对体能的挑战。在山里一待一个月，很容易精神崩溃，再一个是缺氧，不是个正常状态，每次自己说再也不来了，但是在下山的路上，也在想下一次我还去哪座山。所以登山的人与自然的交互关系，已经形成了一种依赖感，就是去挑战不确定性。你登完山和做完企业，就知道人其实没有什么可怕的。尤其是登山，登完山你才知道生命的可贵，当你意识到，生命其实很脆弱的时候，你就知道向死而生了。登过山的人大都很坚强，不会崩溃。大自然给人一种东西，就是让你珍惜生命。珍惜生命不是什么也不干，而是拼命地试错，拼命地干活，所以在这个意义上，登山给了我最大的财富，使我知道了向死而生。

企业家要懂大势 [①]

　　他有着多重身份，改革开放之初放弃政府体制内的铁饭碗，果断下海创业，成为"92派"企业家群体中的代表成员之一（其他知名成员包括汇源朱新礼、新东方俞敏洪、泰康陈东升、万通冯仑等），在房地产和旅游业领域，一度气吞风云，开发了北京大钟寺商业广场等大型地产项目，并将安徽宏村运营成了世界文化遗产地。

　　他也是一位诗人、学者，北京大学的文学博士和北京大学中国诗歌研究院常务副院长，之前还是中国诗歌学会会长，出版了多部小说、诗文集和学术论文集。

　　他还是一位登山家，现为中国登山协会特邀副主席（另

---

　　① 网易新闻重磅意见领袖栏目《why星人》专访中坤集团创始人黄怒波。此文由章剑锋记录整理。

一位特邀副主席是万科创始人王石）、美国纽约探险家俱乐部国际资深会员，完成了世界七大洲最高峰的攀登并徒步到达南北极，并且 3 次登顶珠峰。

以下是采访正文，考虑到篇幅较长，为便于阅读，分成了上下篇：

上篇：要认命，但绝对不能认怂

一

"企业家精神是一个民族最珍贵的资产。"

《why 星人》：前一段，外界比较关心中坤的危机，网上有各种声音，作为核心的当事人，也请你坦诚相告，中坤究竟遭遇了什么阵痛？

黄怒波：前些年我们走的传统企业道路，比如做传统旅游，有大量的景区，做了世界文化遗产地黄山宏村，新疆南疆 5 个地州我们也都进去了，也做房地产，比如北京大钟寺广场。在这个传统的行业里边，如果当时一直走下去，现在基本上可以说死无葬身之地了。

有时候跟做企业的朋友探讨，我很感慨，当初我们同一批起来的地产界领军人物，现在还剩下几个？差不多有一半都进去了吧，还有一半现在虽然做得很大，但也很难熬。

大家说这几年太难了，为什么？因为面临着巨大的不确定性。我说我做了这么多年企业，哪一天不是面临着巨大的不确定性，从开始下海到现在，经历了多少国内外的大事件，一直就在不确定性当中生存。

这个不确定性目前看有这么几个方面：

一方面，新冠病毒疫情对旅游业影响太大了。

中坤幸亏也是从前些年就开始调整。出现了什么问题？比如一般民营企业对景区都是短贷长投，它哺育一个4A、5A级景区，没有10年、20年是不行的，但民营企业拿不到长期贷款，只能靠一年、两年的短贷去投资，这就是一个7个锅6个盖的游戏。当疫情来了，你立刻连门票都没有了，旅游企业这次大批要倒掉，大批要死掉。

大量的倒闭失业，旅行社首当其冲，一个旅行社要是有50个导游的话，这些人往哪儿转呀？他们都做10年20年了，除了导游别的不会干。

另一方面，来自市场或行业的变化。

重资产类的民营企业包袱太重，比如，在景区，当年有村民给我们劳动，做一天30元，当时就觉得高得了不得，现在一天200元都找不来人。我们的"90后"员工，这一代的年轻人越来越有个性，你批评他一顿他就辞职不干了，打电话叫他把工资领走他都不要，人力资本市场也在变化。

传统旅游模式也不可持续，旅游企业主要是靠门票经济，像南疆景区，我算着做好了会有 2 亿元的门票收入，安徽宏村已经达到将近 2 亿元的门票了，但是门票经济只是中国发展过程当中一个特殊的经济模式，西方景区大部分是公益性的，不收门票，所以门票经济迟早要在中国经济发展中退到次要的地位，那你传统的旅游投资模式就不行了。

当年我计算着，拿这么多景区，门票增长收入怎么也会比利息的增长收入要高吧，当时利息很低，也就 3% ~ 5%，现在的贷款民营企业没有 10% ~ 15% 利息基本拿不到。这一系列的因素逼迫着我们民营企业要涅槃，市场经济就是这样，你不适合就得被淘汰掉。

再一个方面，就是我们还要面对非市场因素的影响。

什么叫非市场因素？比如调控，像俞敏洪那个行业，整个就消失了。

国家在进步，经济在发展，对大多数民企来讲，传统的重资产经营模式，肯定走不下去了。

《why 星人》：你们怎么应对？

黄怒波：我们就把重资产陆续卖掉，退出，比如把景区项目退出来，控股权让给国企，这样我就不再是负债前行了。把北京大钟寺广场这样的不动产坚决卖掉，用于减债。

一个重点，高利贷一定要清除。为什么大家要借高利贷？这对民营企业来讲都是饮鸩止渴，可是没办法。资金链出了问题，商业贷款还不了了，可以说大量的民营企业就死在了高利贷上。

我们没死掉，那是因为我们遇到困境比较早，当年我们拿到的资产都是优质低价的，像旅游景点，那时候还没有人去做，旅游景区门票分成比例很低，所在景点农民们的期望值也不高。

房地产也是，我要是不做北京大钟寺项目，后果将不堪设想，不管怎样这个项目我盖起来了，而且当时地价成本也很低，位置在三环以内，又是大型商业项目，就给后来的公司入驻做了铺垫，现在五环之内都不会批这种大型的办公设施了。

当年进入重资产这个赛道，有点像傻小子睡凉炕——全靠火力壮，拿到了这一类稀缺的资产。现在这是不可能了，没有这些资产抵押，企业肯定活不下去的。

二

"哪怕是一切归零我们也能接受，还能从头再来啊。"

《why 星人》：你之前发文章劝俞敏洪认怂，出发点是什么？

黄怒波：那一阵我叫敏洪出来喝酒，一开始他不来，他说现在不是喝酒的时候。后来有一次我去看朱新礼（汇源果汁创始人），那次叫敏洪，他去了，我们三个聚一块喝酒。一个行业消失了，倒下的才是英雄，无非是从头再来，我叫他认怂，其实不光是写给俞敏洪的，也是讲给所有企业家听的，也是正话反说的调侃。我希望大家多多保重。像我们这一代民营企业家是中国几千年没有过的，什么都经历过，但是不要气馁。

我们有经验，有创业的基础，在这个数字经济时代，我们还要做一些事。反过来，我们也要给新一代人做个示范，永远创新、永远创业，我们还得干，不能自暴自弃，也不能就此罢手。我们这是给后面的人希望，如果我们这一代都躺倒了，你想想后面的人会怎么说："哟，千万不能创业，别像他们那样，不过如此。"

在这个意义上，我们没有选择逃避，没有选择躺平，而是选择坚持我们企业家的使命。

《why星人》：你和俞敏洪的心态都很放松吗？在一起就没有苦闷的时候？

黄怒波：我们在一起从来都很开心，觉得好玩，你看这个行业没了，再来呗。我们这一代人脸皮太厚，什么都经历过了。哪怕是一切归零我们也能接受，还能从头再来啊。

为什么？我已经知道什么叫创业了嘛，我也知道资本是怎么回事了，何况像我，还留下很大的一个基础。

我们这一代人，因为经历过，你看我干的都是跟土地资产有关的，卖了那些东西还能剩下来，知道家里永远得留点余粮，这事不能赌。

我看俞敏洪的心理素质比我还强，他是经过生死的人，被绑架过几次。那些人一共绑了 7 个人，就他活着。

第一次绑他，当时因为新东方创业他天天在身上带着现金，绑匪把他绑了以后，原来跟他打交道的一个手下，说这是个好人，就放了他一马，没杀他。但那些人钱花完又回来了，把他堵在楼道，司机跑掉去向别人求救，俞敏洪被绑匪打了一针麻药，没杀他。他躺了几天几夜，医生说，你的命是救过来了，但你的脑子可能坏了。

敏洪没问题的，他心理承受能力极强。我们这一代人都很强，王石这些人心理也都很强。

俞敏洪的创业精神很强，他有实力，他有他自己的资产模式。他还剩 100 亿元，他要是被封掉了，那几万员工怎么办？要是遣散，一分钱都没了，所以他说如果不遣散，他还能活 10 年，他每年消耗 10 亿元。现在只要活着就有创新的机会。

他已经是个了不起的人物了，折腾去吧，说不定他还能折腾出什么来。

《why 星人》：俞敏洪是搞直播带货去了，搞农业平台，我看你是在做人文课堂，在做一个人文教育型的丹曾文化，你们这都属于新的转型吧？

黄怒波： 我有两个时代很兴奋，第一个是改革开放的时代。你们体会不到，当年我在中央机关工作天天激动得不行，因为突然看到社会开放了，也预感到未来会有大变化。所以像陈东升（泰康人寿董事长）我们这一批人就知道不能老死在体制里，要下海，至于出来能不能干好，不知道，但知道中国从来没有过的一个时代到了，我如果在体制里平淡过一生，那多没意思。

第二个让我兴奋的时代就是现在，数字化浪潮，数字经济时代。2018 年北大 120 周年校庆，我用了几年时间去做学校的工作终于做通了，带着北大山鹰社重新登顶珠峰。我是指挥，驻扎在前进营地，指挥大家怎么样朝前行进。我一直不懂什么叫微信，也不怎么用网络，当时买了几十本书，背到营地帐篷里。学生们上山，我在营地没事做，就看书。看完一本往地上扔一本，等到下山的时候，我就懂了，知道我该干什么了。因为新时代到了，我就做丹曾人文，做数字化的人文教育，从生产知识开始。

我认为这个时代跟 1992 年一样，会淘汰一大批人，数字经济的淘汰会更残酷。这个社会面临巨大的问题是数字素养怎么提高，不懂什么叫数字经济，不知道数字创新的人，就会变成廉价的社会劳动力，就会出局，这是一个挑战。

《why 星人》： 数字经济会淘汰一大批人，这个怎么理解？

黄怒波： 你不懂什么叫数字经济，就变成低价的社会劳动力。对于年轻人来说，我不能想象他们送 10 年外卖后怎么办。这一定是国家的大问题，需要考虑到。

数字经济时代创业机会极多，但现在面临的最大问题，是整个世界会分化，出现数字贫困，数字鸿沟。我们在北京讨论元宇宙、数字经济，边远地带的人能讨论这些吗？在美国、中国能讨论，非洲怎么办？没有数字素养，大部分人都跟不上这个时代。

当然，年轻人还有机会，落后的地方也还有机会，他们可以抓紧往这儿转，可以依靠社会机制，比如东数西算，把它放到贵州等地，大量设施投在那儿，靠这些措施来填平鸿沟，也是可以的。

《why 星人》：我看你跟经济学家张维迎老师同时还在做辛庄课堂，是在陕西吧？

黄怒波：我写的那篇叫俞敏洪认怂的文章，就是张维迎老师逼我写的，他说你是辛庄课堂的商业实践总导师，应该写点东西。

我为什么要跟张维迎老师合作做辛庄课堂，因为张维迎老师一直是维护企业家精神的。他就说市场经济好，我也认同这一点，企业家精神是一个民族最珍贵的资产。所以在这个意义上，我支持张维迎老师。

有一次他拉我到他老家陕西吴堡县，这个地方出了 3 个人，一个慕生忠，就是打通青藏公路的将军（开国少将）。另一个是著名作家柳青，从吴堡中学走出去的，还有一个就是张维迎老师。他家所在的村叫上辛庄村，他小时候住的窑洞还在。拉我去的时候，他跟我说，榆林市想给他弄一个张维迎商学院，以他的名字命名，我说可不敢这么叫。他问我怎么办，我说你家的村子叫辛庄，不如就叫辛庄课堂吧。他一听激动得不行，把这个课堂设在老家，第一个用意就是回报家乡。第二，也是我们给中国的企业家开设一个弘扬企业家精神的课堂，我们只讲企业家精神，在这个意义上它是务虚的，我们不讲企业管理操作，讲的大量是企业的制度、企业家如何创新，还涉及心理学、进化心理学、美学，就是希望塑造一批心灵、智识比较健全的企业家。

老实讲，我们这一代人心智都不健全，都是偏激的，尤其狼性很强。我的愿望就是培养一批新的能跟社会融合的企业家。

张维迎老师讲得很好，他说再过 30 年看看，有了辛庄课堂，中国企业家有什么不一样。这是他作为老师的理想。我认为这个社会起码得有传播企业家精神的人，不能唯利是图，就想着挣钱。

我支持他，辛庄课堂是公益的，我掏钱建校舍，1000 多万元吧。建起来以后，全国企业家都可以去进修，也希望能把那个村子带动起来，现在那里成为当地的乡村振兴示范点了。

下篇：我们不是上帝神仙，我们就是个凡人

一

"真正的企业家精神，是解决个体对社会的存在价值，不只是为自己赚钱。"

《why 星人》：你讲到狼性，讲到心智不健全，这怎么理解？

黄怒波：成王败寇的价值观是害人的。为什么很多企业家赌呢？他急功近利，希望企业明天就能变成顶级企业，他就会赌一把。企业家的赌跟一般的赌不一样，他是拿社会资源在赌，拿银行贷款和员工的未来在赌。

所以这个末日情结在市场经济当中特别要不得，大家都觉得发财的为什么不是我，明天要不发财再没机会了，这是一个需要解决的社会心理问题。

你看有的就赌得很大，像我们房地产圈里有的人，他觉得我地拿得越多越好，如果放到现在这就是个大问题，你不开发，就会被收回，关键是土地税很贵，所以拿地越多的人，负担越重，等于把钱都投在地上，短贷长投，可能就要借高利贷了。

企业家这个赌性，熊彼特、德鲁克都说过，会带来很大的

社会危害。

　　某些企业家的赌性会给社会带来很大的危害，社会对你有看法你也不冤。比如一个海航倒了，这给整个中国社会带来多大的破坏？资产、行业、信誉，都被破坏了。还有，像某一个地产巨头发生经营危机了，比如他欠了施工队1亿元，他要是破产了，施工队只能拿回去1000万元。你看江苏南通那几家中国最大的最棒的建筑公司，不都是受到这个影响嘛，近期都破产了。有多少人失业，多少人买了房子交了贷款，房子拿不到了，这对社会的杀伤力极大。

　　所以一些民营企业经过了一个非常野蛮暴力的发展阶段，社会对你有看法，你也没话说，因为你是个赌徒，你有狼性。在这个背景下，作为民营企业家过来了，你就够幸运，你是个得到者，那你对背负的这些骂名就得坦然接受，心态就要正常一些。

　　《why星人》：你说的这种情况，随着市场机制的健全和成熟，能得到解决吗？

　　黄怒波：我认为可以的，急功近利永远都有，关键是要解决创业价值观的问题。你创业到底是为了什么？如果就是为了挣钱，那不是真正的创业，只是谋生嘛。

　　商业社会就是这样，有些人不惜代价，比如，某些公司上市作假，后来败露了。当然成功的例子也很多，也有发了大财的，尤其像我们这些人，早些年稀里糊涂拿了一块地，一下就变成福布斯富豪了，这个时代是有的，但反过来代价也很大。

所以我对北创营的学员说，你们要明白创业的目的是什么。如果你认为不管成功和失败，创业是我人生必需的一个经历，我不能在这个时代无所事事，那你就对了，你可能就不会急功近利了，你会考虑长远，而不是说拿了一笔钱我就回家，甚至说什么 35 岁退休、到终南山养老去，我对这种想法特别反感。

国家号召大众创新、万众创业，表面看是靠这个来激活国家的经济活力，但背后藏着的是一个正确的民族价值观的塑造。

真正的企业家精神，是解决个体对社会的存在价值，不只是为了自己赚钱。

我为什么非得成功呢？我失败也行啊。因为我在创新啊，创新就意味着失败的概率很高，但你只要去做，人生就很精彩。最可怕的是你不尝试，选择躺平。

二

"每次登山都觉得是灭顶之灾，但都过来了。"

《why 星人》：也许有人会说，黄怒波因为已经很成功了，在富豪阶层了，所以境界不一样，层次不一样，但对大多数芸芸众生来讲，他可能就是要吃口饭，要赚钱，要住大房子，要把子女教育搞得好好的，还只能停留在这样一种想生存得更好的层面。

黄怒波：的确，我也是那么过来的，这里面就有观念的进化问题。如果我现在还是这样，觉得我有钱了，我就该大把花钱，就该吃好穿好，那我就根本没进化。因为我本身就是从底层进化上来的，我能有这个觉悟，说明我还是对的吧。

所以现在的人不读书，不读无用之书，是有问题的。因为知识让人进化，学习让人进化。我就是靠读书才进化过来的。

从小学的时候，班里只要一丢东西，一定先搜我，大家认为只有我会偷，其实我从来没偷过东西。我记得只有一次，班上有位女同学抽屉里放了一块果丹皮那种东西，我从来没吃过，实在馋，偷偷拿舌头舔了一下，又放回去了。

因为我是最底层的人，别人永远可以无视我的人格尊严，都排斥我，怎么办呢？我就走野外，一个人走到野地里，进贺兰山，因为只有到野外跟野兽待在一块，我才安全，跟人在一块，我绝对感到不安全。

这时候最重要的就是读书，书里有一个丰富多彩的世界。我记得几岁的时候读《西游记》，还是繁体字版，读入迷了，我妈妈打我，说你怎么什么也不干，就读些闲书。后来一读书，我就上房，上房了她上不去。

我的老家是银川的一个小县城，每到夏天蚊子就多极了，家里又没有钱，连点煤油灯也不让。我就坐在路灯下看书，经常读到半夜就睡着了，有时候过路的人就把我摇醒。书本给了我一个美好的世界，这也是我逃避现实的一个办法。

"文化大革命"的时候，我10岁。当时到处搞运动，学校都不能正常上课了，平时没什么事，我就读书。我们家门口的城门楼里有家图书馆，我和几个小伙伴把图书馆的门撬了，里面有大量的书可以读，到我下乡插队的时候，就把《资本论》等书都读完了。读书洗涤灵魂，你绝不会读脏书，因为你读懂了人类文化的精华，比如《安娜·卡列尼娜》《绞刑架下的报告》，我都读了多少遍，有这么多美好的东西，你的心灵就不会变坏。

到后来上北大，我读遍了世界名著，可以说，是读书拯救了我，不然的话我现在就是个小流氓。

《why 星人》: 读万卷书，行万里路，登山也是你的进化方式？

黄怒波: 确实是，我小时候受人排斥出走野外，后来做企业，就去登山。你知道释迦牟尼怎么成佛的？他在菩提树下开悟了。登山也是这样。

上去一趟，不知道要走多少天，向导离你那么远，风大到根本听不清说什么，戴着氧气面罩，也不能说话。这个过程中，我就把一辈子的事想了不知多少遍，慢慢就悟出来哪些人生经历是对的，哪些是不对的。登山就是独处，孤独让一个人的灵魂高贵。去南极，走着走着就分不清天和地了，脚下的滑雪板像打雷一样响，因为太安静了，所以我躺在帐篷里的时候，就去思考问题，平常难得有工夫安静下来思考。

自然界的东西说不清。像我去登珠峰，每次我出发是晚上走，天亮以后下来，那个大山无比巨大，让你恐惧，你看到底下那个营地，万丈深渊，太大了。天就在你头上，让人觉得自己太渺小，这种美感和压抑感无法言喻。下来以后，觉得自己很了不起，我活着上去活着下来。

人活着，跟登山是一模一样的。珠峰我登顶了3次，每次都面对着死亡和各种困难，但现在回头想，我这一生太精彩了，我怎么那么了不起，全世界几次登顶珠峰的没几个人吧。你再难，去登珠峰，登完下来你觉得还有什么难的？就对生命有了重新的看法，所以为什么我说我不可能得抑郁症睡不着觉。每次登山都觉得是灭顶之灾，但都过来了，登山对我来说是一种性格的塑造。

三

"人生最痛快的事是没钱时我挣着钱了，有钱后，我又把钱散出去了。"

《why 星人》：我知道你做了不少慈善，前前后后捐了几十亿元吧。而且给北大一捐就是 10 多亿元，趁这个机会，想请你也分享一下做这个事的想法。

黄怒波：第一，我得感恩，没有北大就没有我，有了北大我才能进中央机关，进了中央机关我才能知道好时代来了，才能出来。每个人都要找到他的精神图谱，北大就是我的精神图谱，不是说我自己有能耐挣着钱了，是北大和社会给了我空间。

第二，人不能为财富所累，你拿着这么多的钱干什么？只有捐出去你才睡得着觉。我就认为这个钱干吗我一个人花呢？我当然也把我后半生所需都留够了，但你要多少才够呢？比如，北大的诗歌研究院，是我一直在捐的，对中国现代诗歌发展起了很大的作用，取得了很多成果。

第三，你活着得有一个价值观，人在物质社会中要生存，在精神社会中也得生存。昨天我跟人讲，我说做企业也好，做官也好，无非是个生存方式。但读书写作精神充实，那才是你真正的财富，你才能过得踏实。

所以在这个意义上，我认为捐钱是企业家的本能，真正的企业家到最后一定都会把钱还给社会的，因为他自己够了，你说他抱着几百亿元干什么呀？一定是个负担。

《why 星人》：钱太多究竟是一种什么负担？我们这些没钱的人体会不了这种感觉。

黄怒波：你没钱的时候天天想着挣钱，为这个睡不着；当你挣着钱了，也天天睡不着觉，怕被偷被抢，疑神疑鬼对谁都不相信。有钱的人更容易没有安全感，穷光蛋怕什么呢？所以你把财富捐出去，你心里就觉得舒服。

《why 星人》：你讲到这个财富观，让我想起佛经里的一个典故，释迦牟尼佛曾讲，钱财是五家共有。哪五家？盗贼、水、火、官府、不肖子。你的钱财实际上并不属于你一个人，盗贼惦记上了会来偷抢；水火天灾发生了会毁灭所有；官府如果发昏胡来的话，也可以把它征缴充公；还有家里的不肖子，也有可能败家败个精光。这样一看，你说太有钱睡不着觉，可能真的就能理解了。

黄怒波：人生最痛快的事是没钱时我挣着钱了，有钱后，我又把钱散出去了。俞敏洪和我都是这个心态。讲实话，我从来没想到我这么有钱，原来太穷想不到，现在回头看，把钱花掉、捐掉才是你的。捐给社会、生产知识，钱就有用了，钱存在银行里跟你有什么关系，那是银行的。

所以讲真正的企业家精神，是要解决你对社会的存在价值，而不是为自己赚钱。

《why 星人》：讲到财富观，一直以来大家也会提起企业家原罪的问题，加上贫富分化的现实，大家对有钱人基本没什么好感。

黄怒波：贫富分化确实不能简单归结到企业家身上，因为企业家的任务是创新，解决就业和税收，贫富分化的调剂，主要得靠政府的游戏规则和政策机制。

这一点我认为政府做得非常优秀，解决了绝对贫困问题。你们不在一线不知道，新疆那么偏僻的地方，老百姓不会饿着，不会没房子住。中国现在整个的国民财富提升得很高，尤其农村很稳定，中国政府把农业税全免掉了，我到北京门头沟一看，没有什么绝对的穷人，为什么？你没地、没活干，我给你拨钱，你去巡山，一个月也有800元、1000元。有饭吃有房子住，这是很了不起的一条，也是几千年没有过的。

我们的社会制度还在调整，还会不断进步，希望在调整当中能够逐渐缓和社会的尖锐矛盾。

但这个事怪企业家没有用，甚至有些人还想消灭社会资本，这个想法是有问题的。如果没有企业家继续创新，这个社会还怎么存在？拉动就业、拉动经济、促进消费、开发产品，哪一样少得了企业？没有社会资本行吗？

现在看到老百姓不消费了，社会不创新了，大量人员遣散了，失业者多了，大家这才想到，噢，企业家原来还有用。这就又提出了要像尊重科学家一样尊重企业家了。

当大家意识到这个问题后，会让企业家们感到踏实，因为终于看到企业家精神的宝贵了，看到它是一个社会进步的动力，那大家就放心了，起码你再干10年它也不会变，可以好好放心干。

但是反过来说，我认为这个时代对中国民营企业家既苛刻仇视，同时又极宽厚，为什么？你看各地政府招商引资，像我这样的人走到哪儿地方官员都想见我一面，请我吃个饭，他们也要发展。只有中国的民营企业家能有这么高的地位，当人大代表、政协委员什么的，我们也是够风光了。

那我们自己就该知足了。至少我心里很平衡，我想我小时候最大的愿望是能有一个苹果吃，拿现在和那时候比一下，是不是在天堂了？所以民营企业家心理要平衡，你就是一个普通的人，你也会犯错，你也会有原罪。

社会对企业家的骂声，我倒认为可以背起来，上帝是公平的，你不可能什么都得到。像我这样的人，我是得到财富了，但我底下团队有多少人在干活啊，这样一想，你就知道你不该守着财富。所以民营企业家的心态也要调整。

民企"走出去": 冰岛买地事件的思考

逆境: 冰岛买地遭拒

本以为"胜券在握",却遭兜头冷水,梦想戛然而止,用 800 万美元在冰岛画一个 300 平方公里的圈,被冰岛政府一句"尚无把如此大面积的土地置于外国人控制之下的先例"打断,故事终究未能圆满。已经板上钉钉的协议为何突生波澜? 一个单纯的旅游投资,为何要上升到主权控制层面?

辩白: 冰岛买地为民营企业"走出去"贡献了经验

中国企业在"走出去"的时候需要遵守国际惯例,但把政党关系作为问题仍然是"冷战"思维,也许这个世界还没有为迎接中国的企业家做好准备。

当时的状况是，我和冰岛内务部部长隔空打架。他说他没有冤枉我，我说他是种族歧视者，对中国有偏见。我曾给冰岛很重要的一家报社讲了几个问题。

第一个问题，他不该在刚刚知道外交部发表新闻公报说我要来投资以后，就第一时间向全世界媒体讲，中国人什么都买。我说你这是代表你的国家，我就是个商人，你不能把我这个商业行为政治化，你可以不尊重我，但是不能不尊重我的国家，我说他是后垄断思维，有种族偏见。

第二个问题，他说买卖太大了。我说你们国家什么规矩，300平方公里算大？100平方公里算不算大？1平方米算不算大？你得有个规矩，问题是你没有，老百姓要卖，我去买。他们的随意性太强了，对投资者不尊重。

当然，冰岛其他部长代表内阁来找我，说要重新和我谈，这个内阁部长很生气，他说这是他的最终权力。但是现在看，他们国家会把他这个权力拿掉，重新换一批工业旅游部部长来和我谈。

"走出去这个控制力"我无法理解，它不是可控的，都是竞争者间的围堵。作为民企"走出去"，我花自己的钱你为什么堵我？你要"走出去"不要忘了有个大背景，现在全世界经济都在衰退，大家都在走向封闭的贸易保护，在这个背景下"走出去"是比较困难的，而且是不可控的。

再一个我们民企"走出去"还是要靠自己，最关键的是西方不理解，他们弄不懂我们的国企、民企的分别。

现在，投资冰岛的事我不会放弃，这就把我的斗志激起来了。登山是因为失败了才去登，投资冰岛一定要把它做到底，因为还有90%多的人在支持我。

而且我们也有收获，第一，收获了我们中国民营企业的知名度，不管怎么样，他们看到我们打拼出来了；第二，也是让大家了解了中国民营企业现在有这种国际化的需求。对中坤本身来说，我们认为整体形象还是正面的，至少对中坤本身来说是一个巨大的品牌收获吧，还是好事。

围绕冰岛买地一事，更多地应将视野跳出中坤集团，跳出黄怒波，而关注整个民营企业国际化的现状。在这一点上，我可以给后来人提供几点经验。

第一，要服从你的战略需求，就是你的企业有到国外的需要，扩张市场或者需要获取新的资源。你可以去，但是千万不要抱着攻城略地，找一个暴富机会的想法；第二，要了解那儿的国家法律，原来想得太天真了，觉得我拿钱去投资还不行吗？现在全世界不是这样的；第三，就是要考虑到海外投资的长期性，弄不好就是陷阱，你把钱投进去拿不回来了；第四，要有耐心，"走出去"是一个漫长的过程，不可能有一天全世界把大门全打开说：来吧，中国人，只要你们来就行。这个做不到，一定要有一个长期的耐性，这个是最重要的。

我做的每件事，大家一开始都不理解，像新疆我们投了8年，到现在我也是最大旅游投资商。所以做每件事，也不一定非得跟人家争辩什么，最后做完了，大家就理解了。

投资环境变差，一个最重要的原因是社会的财富被"格式化"了，财富正在向少数人集中。这是一个全球性问题。

你始终不会知道在哪方面会触到西方人的神经。所以，我们还要做更多的尝试。总之，有4个衡量标准，首先要政治上稳定；其次是文化差异小；再次是对中国友好；最后是进入的成本低。

我觉得冰岛买地为民营企业"走出去"贡献了经验，我希望能通过冰岛买地的事让全世界都关注中国民营企业的现状。

"走出去"与"窝里横"

2005 年 8 月 14 日，我应邀出席了吉尔吉斯斯坦新总统巴基耶夫的就职典礼。那天，风和日丽，宾客云集，整个仪式庄严有序。晚上，广场的大型歌舞表演中，特意演唱了几首中国歌曲。

我受邀的原因是我们也有个"走出去"的梦。2004 年以来，中坤整合了新疆的克孜勒苏·柯尔克孜、喀什、阿克苏、和田、巴音郭楞 5 个南疆地区的主要旅游资源，下一步应该是进入巴基斯坦、印度、吉尔吉斯斯坦等中南亚国家，构成一个国际旅游板块。吉尔吉斯斯坦的伊赛克湖是欧洲的度假胜地，离李白的故乡碎叶不远，乘汽车从喀什出发当天即可轻松抵达。伊赛克湖长 200 多公里、宽 80 余公里，平均深度 800 米，是世界自然遗产。

看上湖的美，有感于当地的旅游度假设施的极度贫乏，我们动了心，想筹建一个面向中国游客和欧洲游客的度假胜地。

南疆地区的领导和吉国总统、总理一班人马也都赞成鼓励。人来人往，请客送礼，这一套自然按程序进行。喝的伏特加，几首俄罗斯民歌唱得烂熟，绝不会再跑调，柯尔克孜族的舞蹈也能跳得像做广播体操了。最后，由我国驻吉尔吉斯斯坦大使带领我们与时任总理纳塔耶夫谈判，终于签订了投资协议。

签了协议，却引出了麻烦。先是俄罗斯军方出来说，选址所在地是俄军的鱼雷测试基地。再就是美国人仔细打听投资细节，日本专家干脆找来要看规划，说是要与他们承担的伊赛克湖研究课题对照。头晕脑涨之际，吉国政府的反对派开始在报纸电视上抨击当权政府出卖国土给中国。更戏剧的是莫斯科的报纸以大标题刊出中国要在伊赛克湖建立海军训练基地的新闻，弄得莫斯科市市长的秘书访吉时特意跑到现场来一探究竟。

这可好，一个投资项目变成了国际问题，热闹得让人眼花缭乱。到后来，我竟不敢也不愿再去吉国了。

本来，我们也就是个路人叫不出全名的普通民企，去吉国投资也是企业发展的战略需要，却莫名其妙地被贴上了政治标签，做了一回国际风云人物。真如嗑瓜子嗑出个臭虫来——哭笑不得了。但往深里想，中国企业面临的"走出去"的环境其实是很恶劣的，似乎这世界处处有张无形的网，围堵着中国企业。当然，咱心里明白那是有着恐惧中国强大的国际背景。

心灰意懒之下，还是觉得"窝里横"好。"走出去"太难，在窝里还是有活法的。发展了这些年，能活到今日，自然都有几手绝招。

至于这"走出去"的念头，断断不能打消了。你想，咱中国的大门敞得大大的，全世界的人都来挣咱们的钱，咱们凭什么不出去挣别人的钱。政治的事咱管不了，但这"走出去"的心已被激活得山响。

能在中国的一轮轮宏观调控中活下来，怎么没本事在他乡异国活活看呢。这事，往死了说也是一百个不服气。

刚回来几天，我国驻吉使馆就来了电话，说是吉国总统就职后政府提出旅游立国，派人到大使馆洽商中坤投资伊赛克湖事宜，使馆想听听我的意见。

我说投资意愿不变。

地产商的道德困境

既然做了地产商，就得想房子越盖越多，麻烦是越少越好，利润是越多越好。没有谁傻乎乎盖了房子不要钱的，这样的人，自古没有。否则，咱那"诗圣"杜甫，怎能仰天长叹"安得广厦千万间，大庇天下寒士俱欢颜"？

总有杀伐之声，认为地产商都是无耻之徒，挣的都是不义之财。

但若这天下自此没人盖房了，咱们的后代住哪里？

我要严正声明的是，这种局面绝不可能出现。咱们的政府，是讲法治的。地产商犯了法，不等全国人民拿板砖拍，先就会被严惩、狠打的，一般都会被弄个身陷囹圄，永世不得翻身。所以不管是好的地产商，还是坏的地产商，都不敢碰法律的高压线。只要守法，挣了再多的钱，谁也无可奈何，似乎这就是所谓的市场经济规律。

但是，地产商的道德底线在何处？

　　从正面讲，办好一个房地产企业，开发好一片土地，建设好一个社区，尽可能地获得利润，对社会是有利的，也符合创办企业的规律。企业好，解决就业就好，员工的工作和收入就有保障，家庭就和谐，父母兄弟姐妹都幸福。政府呢，得到的税收就高，就有更多资金用来提供公共产品，扶贫济困，进行社会财富的二次分配，这有何不好？这就是守法的地产商的道德所在，就是对社会的贡献。

　　从这个意义上讲，你能说这些地产商不道德吗？不能简单地拿利润底线来测量地产商的道德，这是一个陷阱和误区。

　　从反面讲，地产商获得的发展机遇，是值得发问的。第一代地产商，许多都是当时的社会"失意不得志"之人。那时候，计划经济还在执行，好好的一个人谁愿意"下海"？但就是这批人，挖到了第一桶金。到了第二代，大多是利用了自身所拥有的知识、人脉资源，做起了地产生意。第三代，也就是现在，是外资、上市公司。三代地产商，都是利用了特殊的时机，掌握了特殊的机遇，才能涉足地产行业。

　　一句话，要感谢改革开放，要感谢让一部分人先富起来的经济政策，要感谢政府、民众、专家学者对地产商的宽容和期待。在这个意义上，获得暴利是有悖道德底线的，也就是说，地产商们要讲良心、讲道德，要学着回报社会、回报民众。不要把企业战略设立在以"逐利"或者说"逐最高的利"的角度上，这是饮鸩止渴。人长大了，要孝敬父母，尊老爱幼。企业做大了，要懂得报恩，引美积德，讲的就是这个理。

如果说，地产商的形象多是负面的，那么，我说，不该提到洗心革面的高度上。但是，是不是可以有着一个行业性的思考和规则，共同来改善这个行业的声誉，以确保这个行业的持续、良性发展？从长远看，这样做钱才会挣得越来越多，"盘子"才能做得越来越大。

这种道德困境不会是只向地产行业的发问。其实，是全社会性的，是每个行业的，也是每个人的。

试问，谁能逃避呢？

数字经济的思考与实践

数字经济时代中传统企业的转型

——2022 财经中国 V 峰会主题发言

很开心能够在 2021 年将要结束、2022 年即将到来的时候，应邀参加由中国新闻社和北大国发院联合举办的 2022 年的财经峰会。其实对于我们这些做传统企业的企业家来说，2021 年是非常有意思的一年。

第一，我们经历着人类百年不遇的疫情考验。第二，所有的行业都正在经历阵痛。但是反过来说，最关键的时刻它也显露出了一个涅槃的机会。在这两三年的疫情当中，我思考了许多的问题，什么问题呢？意识到一个新的经济时代到来了——数字经济时代。我们国家把数字经济发展作为"十四五"规划当中重要的一条。那么就全世界来说，数字经济的发展也是如火如荼。当下我们的数字经济规模应该达到 40 万亿元了。在这样一个环境下，对做传统企业的人来说，它是人生的机遇，就是你可以彻底颠覆你过去的生产模式，重新进入一个新的赛道，让人生更精彩。在这个意义上，我讲几个想法，设想几个问题。

第一个问题，在数字经济时代，传统企业到底何去何从？提出这个想法是有考虑的。比如，我们在过去的 40 多年当中，在一个传统的经济学原理下进行企业生产、促进社会经济发展。它这个核心原理主要是研究投入和产出的优化问题，这个意味着什么呢？就是所有的投入都是传统的要素，比如土地资源、资本、劳动。

这些要素它确实给了我们一个发挥中国企业家精神的机会，我们从不知道什么叫企业，做到了今天，从不知道谁是企业家，到我们成为社会的新人，但是这也带来很多问题，因为发展得太快了，我们面临的挑战就更大了。这个挑战就是传统的模式难以持续下去。

为什么？因为土地资源、资本、劳动都有界限，有它的边际成本，有投入产出的天花板和瓶颈。尤其在处理人类跟社会的关系上带来越来越多的问题，与自然和谐共生的问题，还有社会共同富裕的问题。所以在这个意义上，传统企业在传统经济时代的黄金时光要过去了。

那么，什么叫数字经济时代呢？数字经济最大的特点就是以知识和信息作为关键的生产要素，这跟传统的要素完全不一样，所以在这个框架里产生了无限的创新的可能性。数字经济在哪方面可以创新呢？一、数字的产业化。技术、大数据信息都可以产业化，这是一个以前从来没有过的经济形态。现在的腾讯、百度、阿里巴巴，做得非常好，还有好多大数据企业做得都非常好。中国的数字产业化在世界上已经有了自己的位置。

二、创新的领域，产业数字化这一条特别重要，使传统产业通过数字化的手段找到新的生产要素，再提供给市场，这可能是人类生产模式的一次大革命。所以在这两个领域里，我们传统企业有无限创新的可能性。我们给中坤的转型找到了一个创新的模式，那就是抛弃过去的传统经营模式。比如，我们把重资产全部去掉，把传统资产的生产模式转到数字经济产业模式上。

下一步我们要考虑的是，首先，我们要解决数字身份问题，每个人都需要有个数字身份。其次，我们要从物理资产转向数字资产，从物理生命转向数字生命，这就是我们目前正在做的。这是一个新的尝试。企业家创新，也不能说一定能够成功，但它能让你激动，就说明你走对了，走上了一个新的赛道。无论如何，传统模式一去不复返了，数字经济时代的创新对企业家的挑战极大。当我们国家解决了绝对贫困之后，面临的新问题是数字贫困，数字鸿沟。全民的数字素养有待提高，尤其是企业家们的数字素养要全面提高。

如果你现在还对元宇宙嗤之以鼻，认为那是炒作，还着迷于把这个楼盖完，炒更便宜的地，还等待国家政策使房地产回暖，不是不可以，但你可能在走一条不归路。所以我们一定要全面提高我们的数字素养。

　　如果做传统企业的人数字素养提高得快，数字经济的创新就快，这是很重要的一个要点。一开始讲数字经济，很多人都嗤之以鼻，觉得你玩噱头。后来开始讲元宇宙，很多人认为那是又玩了一个概念。但是现在来看，数字经济时代的企业创新，我们做得很踏实，也尝到了甜头。我们生产出来的内容变成数字资产将是永恒的，它永远也不过时。所以在这个意义上，我认为这是一次经济变革的范式革命。

　　根据我的个人感受，传统企业依靠和争抢那些有限的、稀缺的资源，行业中容易产生腐败和反腐败的问题。而在数字经济时代，你不需要跟权力打交道，企业家可以避免一个很大的风险。

　　第二个问题，传统的企业创新中有很大的问题，破坏性创新在市场经济的发展中是个重要的因素。但是随着社会的进步和发展，你会看到存在着负面的影响，比如，社会达尔文主义胜者为王败者为寇这样的合理背书，存在着道德风险和陷阱。在数字经济的创新里这些问题就少得多了，我的一个体会是，传统的经济行业里有个巨大的资源问题及魔咒，就是你的边际成本越来越高的时候，对企业会形成很大的挑战。但是在数字经济里，用数字信息做生产要素，数据是有无限的供应功能的，市场也不受边际成本的影响。比如，我的一门课程可以有 1000 人或 100 万人选择，只要用户有需求，你满足了用户的需求，它这个边际就是无限大的。在这个意义上，最后可能它的边际成本是零，所以只有在数字经济时代可能达到这一条。

在数字经济时代，传统企业的转型是必然的，这必将带来人类生产模式和消费模式的颠覆性改变。如果你今天还没意识到，你就必死无疑了。我们这代人有两个精彩阶段。第一个精彩阶段，改革开放培养了一代企业家、一代新人，这代人赶上了时代大潮，也给时代做出了贡献。人生很精彩，不管你成功还是失败，你一直是在贡献，在创新，在试错。下一个精彩阶段，我们做数字经济企业家，完成涅槃转化。当我们成为数字经济企业家的时候，真正站在了人类的前列时，就化蝶、涅槃了。

区块链底层技术推动教育改革

——"人文·智识·进化丛书"总序

在"十四五"规划实施开始的时候，人文学者面临从知识的传播者向生产者、促进者和管理者转变的机遇。由丹曾文化策划的"人文·智识·进化丛书"的撰写，就是一次实践行动。这套丛书涵盖了文史哲多个学科领域，由近百位人文学科领域优秀的学者著述。通过学科交叉及知识融合探索人类文明的起源、人类与自然的和谐共生、人类的生命教育和心理机制，让更多受众了解中国传统文化，形成独具中华文明特色的审美品格。

这些学科并没有超越传统的知识系统，但从撰写的角度上，已经具有了独特的创新色彩。首先，学者们普遍展现出对人类文明知识底层架构的认识深度和再建构能力。从传统人文知识的"阐释者"转向了生产者、促进者和管理者。这是一种与读者和大众的和解倾向。因为，信息社会的到来和教育现代化的需求，使学者和读者、大众之间的关系终于有了教学相长的机遇和可能。在这个意义上，我们不能再教"谁是李白"了，而是共同探讨"为什么是李白"。

所以，这套丛书的作者们，从刻板的学术气息中脱颖而出，以流畅而优美的文风从各自的角度揭示了新的人文知识层次，展现了新时代人文学者的精神气质。

这套丛书的人文视阈并没有刻意局限，每位学者都是从自身的学术积淀生发出独特的个性气息。最显著的特点是他们笔下的传统人文世界展现了新的内容和角度，这就能够促成当下的社会和大众以新的眼光来认识和理解我们所处的传统社会。

最重要的，这套丛书的撰写，是为了适应价值互联网社会的到来。它的知识内容将进入数字生产。比如，我们在阅读和学习中再遇到李白时，将不再简单地通过文字的描写认识他。我们将会还原他所处时代的虚拟场景来体验和认识他的"蜀道"，制造一位"数字孪生"的他来展现他的千古绝唱中"蜀道"之难的审美绝技。在这个意义上，这套丛书具有人文知识从未有过的生成能力和永生的意境。同时，也因此而具备了混合现实审美的魅力。

当我们开始具备人文知识数字化的意识和能力时，培育和增强社会的数字素养就成了新时代的课题。这套丛书的每个人文学科，都将因此而具有新的知识生产和内容生发的可能性。更重要的是，当我们的国家消除了绝对贫困之后，我们的社会应当义不容辞地着手解决教育机会的公平问题。因此，这套丛书的数字化，就是对教育公平的一个解决方案。

2019 年 10 月 24 日，习近平总书记在十九届中央政治局第十八次集体学习时强调：要积极推进区块链和经济社会融合发展，探索"区块链＋"在民生领域的运用，积极推动区块链技术在教育等领域的应用。

在这样的国家战略背景下，我们应该积极着手运用区块链的底层技术来制造一种可信教育的氛围。这既解决了教与学的矛盾，又可以把伪知识和低俗文化驱出人文知识领域。这样，我们可以期望达到一种干净社会的境地，也可以使传统的人文知识转变为社会大众的数字资产。而我们的学者们，也能够获得知识价值的奖励和回报。

有观点认为，当下推动教育变革的六大技术分别是：移动学习、学习分析、混合现实、人工智能、区块链和虚拟助手（数字孪生）。这些技术的最大意义，应该在于在线教育的到来。它将改变我们传统的学习范式，带来新的商业模式，从而引发高等教育的根本性变化。

这套丛书就是因此而生成的。它在当前的人文学科领域具有了崭新的可识别性和可数字性。下一步，我们将推进这套丛书的数字资产的转变，为新时代的人文素质教育和终身教育的需求提供一种新途径、新范式。

感谢所有学者的参与和努力。今后，你们应该作为各自学术领域的平台建设者、管理者而光芒四射。

在进化的历史台阶前

北大创业训练营会聚了越来越多优秀的青年创业者，让我感觉到了前所未有的鼓舞，我看到了中国的未来。40多年前，听着改革开放的号角，我们坐不住了，为什么？感受到时代的召唤，于是我们就出来了，因此今天才能站在这里。

新时代再一次出发，现在年轻人的资质、激情、才智跟那个时代不一样，远远超过当年的我们。新一代的创业者，现在应该开始准备下一个40年。

一、缘起：从偶然成为的人到可能成为的人

改革开放40年的时候，正和岛找了一批企业家，希望这些企业家讲讲40年的心路历程，结集出了一本书。当我翻看这本书时，心情难以平静。我先摘录一段，你们看一看：

　　我是一只土鳖，带着一些海龟奋斗，如何将这些有个性的人团结在一起，并让每个人都保持活力和激情是我首先要面对的问题，但这还不是最重要的，因为我又经历了一次打击。1998年8月21日，我在自己家的楼道里遭遇了两名男子抢劫，一名男子给我注射了动物园给大型动物（据我所知是马）使用的麻醉剂，而且剂量大得吓人。我在医院被抢救了一天一夜，才最终捡回一条命，但是收上来的200万元学费被洗劫一空。这次被抢劫让我的身体和精神遭遇了双重打击，被注射如此大剂量的麻醉剂，连医生都说活下来就是一个奇迹，能不能恢复正常谁也不能保证。

这个人是谁呢？就是俞敏洪老师。这篇文章后面的话，让我很感动。

　　有多少人能够经历20世纪60年代？经历这一代所经历的光阴的人，又有多少人能够面向未来，还能遐想青春和岁月？有多少人能够同时经历20世纪60年代的极端封闭、70年代的阳光出现、80年代的思想解放、90年代的世界融合，21世纪第一个10年传统崩溃以及第二个10年的科技变速？所以我要感谢，感谢父母把我生在了这个时代，感谢党的政策引领我们走向了这个时代，感谢世界把我们送入了这个时代，感谢各位政治家、企业家、思想家一起创造的这个时代，时代让我们变成了今天这个样子，我们也让这个时代变成了今天这个样子。

这就是我们这一代企业家的心路历程，你们不能想象，俞敏洪竟然还能活着坐在这儿，这本身就是个奇迹。据我所知，他被抢劫过两次。这一代企业家就是这么走过来的，站在今天看过去感慨万千，所以我们怎么能不感谢这个时代呢？

我再摘录一段。

1990年4月中南海里的迎春花开得灿烂如潮，一天傍晚我坐在湖边，湖里的鱼儿三三两两地蹦跳着，几只乌龟在岸边伸着头打量着我，看着它们，我在想，它们是幸福的、安逸的，因为不会有人拿诱饵来引诱它们上钩，然后带回家去红烧油炸，但是它们的世界只是这一池春水，它们的自由也只是局限于这一片湖岸之中。我呢？要走了，要从这京城红墙中走出去，走向哪里？走向改革开放的社会。了不起的邓公正在艰难而又坚定地推动着中国在改革开放的大道上前行。

这个人是谁？是我。我走出来了，今天站在这儿回首往事，感慨万分。

你们听听俞敏洪和我的感受，我们以前从来不知道我们还能站在这里，为什么？我只在中央机关里安于现状，他只会教英语，而且老是被批评，后来干脆不干了。在这个意义上，时代成就了一代人。为什么是我们？我们要感谢这个时代，改革开放40多年最伟大的一件事就是把社会的大门打开，把企业家精神释放出来，这个是中国社会改革开放40多年最伟大的资产。

二、成因：市场经济的"新人"

讲到企业家精神，必须提到几个人：一位是熊彼特。熊彼特对企业家精神的概括是"个性化创新，创造性的毁灭"，但是他也说了，企业家精神不是稳存的，如果不再进行创新的时候，看守家业的时候，就只是工厂主，而不再是一个企业家了。企业家的使命就是永远创新。我们看到俞敏洪、孙陶然等，每个北大企业家都继续在进行着创新，不是为了钱，而是为了我们的使命，企业家的使命。

另一位是美国的经济学家道格拉斯·诺斯。他提出企业家分两种，一种是创新型企业家，一种是复制型企业家。这两种企业家对经济增长的贡献不同。他认为创新型企业家和复制型企业家都很重要，不能说哪个更好。创新型企业家指那些提出新想法，并将其付诸实践的企业家，而复制型企业家采用已有的商业模式和管理模式，生产或销售已有的产品或服务。道格拉斯指出，复制型企业家往往模仿人们知道的、已经存在了的企业，而真正的创新型企业家能够创造新的产品和服务，并改变原来的市场状况。他认为大多数企业家都是复制型企业家。

还有一位是张维迎老师。他认为有两种企业家，一种套利，一种创新。我对于张维迎老师的尊敬源于他预测了未来 40 年，为什么？下一个 40 年必将是中国的世纪，必将是新时代年轻人的世纪。在这个意义上，我们的经济学家有可能有土壤去研究出来新的理论。我认为张维迎教授是在中国把企业家正面形象树立起来的一个了不起的学者，他强调企业家精神推动中国社会进步的重要力量。他提出"企业家改变了中国"。

张维迎把企业家分成三代：第一代是农民企业家，第二代是官员下海转变的企业家，第三代是技术专家，包括留学回国出身的企业家。

张维迎说："中国过去 40 年的经济发展主要是靠套利企业家来推动，这应该归到复制型企业家。因为这些概念技术就是借鉴别人的，当然套利型企业也包含一定的创新，但其整体是套利的。现在中国做房地产、金融以及制造业的大多是套利型企业家，真正创新的人很少。"

这对我们这一代人打击很大。但是张维迎老师又讲了，为什么未来的企业发展是创新为王呢？因为套利的机会随时间的推移会越来越少，能不能把套利型企业家变成创新型企业家？他讲了一个例子，目前最成功的案例就是任正非。这个讲完以后，张维迎老师做了一个结论，经济学家的责任是什么？他说是捍卫企业家精神，提供企业家能够得到充分发挥的制度环境。我们为他鼓掌。

我们这一代人就是被这样的企业家精神激励出来的，这是中国市场经济吸收西方文明精华的结果，也是中国的一代企业家们，摸着石头过河，总结出了中国的企业发展之路。

我们这一代是什么人？一定程度上可以说是"新人"。美国社会学者贝尔认为新人是企业家和艺术家，为什么是这两种人呢？因为这两种人最不墨守成规，他们有激情，有梦想，他们要打破一切束缚他们的东西。在这个意义上，"新人"的出现，推动了资本主义的发展。

在中国改革开放初期，谁是企业家？张维迎教授跟我说过，当初他在研究企业家的时候，企业家是一个负面的词，为什么？因为企业家是中国没有遇到过的一个群体。

改革开放最伟大的一条，就是创造一代"新人"。这就是刚才读俞敏洪老师的心路历程的时候，我感动得要流泪的原因，他就是那个时代的缩影。

"新人"出现后，我们有了今天，俞敏洪老师创造了世界最大的外语学校，我这样的人会做企业，而且我们创造了世界文化遗产宏村。人民出版社正式出版的《宏村——世界文化遗产之路》，记录了整个宏村被一个民营企业从一个小的村落变成世界文化遗产的过程。宏村的案例让我很感动，我们感谢7届县委、县政府持之以恒的支持，感谢全体村民永不放弃的激情，也感谢全体员工含辛茹苦的努力，这样才有了世界文化遗产宏村。如果没有企业家精神，就没有这样一个文化遗产的保护。

三、突变：40 多年改革开放的幸运者

我花 10 年时间写了一本小说《珠峰海螺》。为什么写了 10 年？特别难写，这是本叙事小说，写的是一个登山者，登上珠峰以后下不来了，被困在 8750 米高峰。在这本书的封面上有这么一句话：凡人必有一死。主人公坐在 8750 米的高度等死，这是珠峰第三台阶的脚下，这应该是人类有史以来等死的最高高度。在这个高度上，我在那里坐过。我登顶过珠峰 3 次，其中从北坡上去 2 次，每次我都要在那坐一坐，为什么？因为我身后有一个死了很多年的外国人，他永远背朝着我，但永远看着他的家乡。

我写《珠峰海螺》，其实写的是企业家另外一个精神挑战，

即挑战不确定性。企业家必备的素质是什么？我们登顶是干什么？登顶是为了活着回来。做企业就是要把企业做成。

小说必须让读者引起对主人公的情感共鸣，让读者愿意关注他，同情他，跟着他走。写作得很艰难，有段时间写不下去，为什么？因为我无法给这个企业家定位，把他写成英雄，我自己知道我们不是，我们有很多侥幸，有很多问题，我们都是野蛮发展过来的。把他写得很悲催，也不行，我们是社会的幸运儿，我们获得了从来没有梦想过的东西。写这部小说的过程，也让我重新看到了我们这一代人到底是谁，以及我们的问题。

四、遗传：被历史淹没的"弄潮儿"

这就让我回过头来，从严复的《天演论》中寻找到了一些线索。

1894 年中日甲午之战，中国海军被日本海军打败了，然后有了屈辱的《马关条约》，这个消息传到日本以后，整个日本社会上下沸腾、兴奋，一个大富豪哭着说：文明战胜了野蛮，先进战胜了落后。为什么？他们信奉社会达尔文主义。社会达尔文主义是什么？ 19 世纪末 20 世纪初，社会信条从达尔文的进化论里延伸出来，主要思想是弱肉强食，物竞天择，优胜劣汰。

西方乃至整个欧洲为什么会出现这样的信条？因为资本主义决定了有人穷就有人富，有人很富就有人很穷。资产阶级的理论家需要为他们的人类不平等寻找依据，他就说你落后了，你就是贫穷的。从这个意义上，特朗普、拜登他们认为贫富差距是天经地义的，这就是美国，他们的价值观根深蒂固。

再到20世纪初，西方国家在全世界搞殖民地。他也找了一个理由，你落后，我就统治你。社会达尔文主义是西方到现在愈演愈烈的东西。社会达尔文主义必然带来民族达尔文主义，必然带来民粹主义。最后必然带来强权政治，强权霸权逻辑。比如，美国认为中国就不该比美国富，从理论背后来分析，就是社会达尔文主义在起作用。

严复把《天演论》翻译过来，正好是中日甲午之战之后，《天演论》变成了整个中国社会的教科书，连小孩儿写作业都是物竞天择，这个时候最主要的思想传达出来，落后就要挨打。

从那时起，我们这个民族开始了100年的奋起直追，我要比别人强，我不能落后，我要追赶西方。到了市场经济的时候，这个价值观藏在企业家精神当中，传达给我们。企业家讲竞争，讲优胜劣汰，背后带来了什么问题？就是赌。

胡雪岩从底层上来，只要能够穿上黄马褂什么都可以干，他是一个赌徒的形象。我们当年下海的时候，不知道什么叫企业，那时候还没有遇到张维迎老师，我们就天天看《胡雪岩》，每个人拿一本，都想走寻租的灰色道路，这是我们走过来的心路历程。

后来我们看什么？我们开始看《第五项修炼》《基业长青》《从优秀到卓越》，这些是当年每个做企业的人床头必备的书，是我们这一代做企业的人的"圣经"。但是，现在来看，这里面提到的一大半世界级的优秀案例企业都已经灰飞烟灭了，已经找不着了，为什么？达尔文主义的后果。

国际金融危机怎么出现的？为什么德国的汽车都开始造假了？达尔文主义的原因。只要能成，胜者王侯，败者贼。这样一来，带来的是什么？大败局。吴小波写了一本《激荡三十年》，一本《大败局》。这里面提到企业家当年可是中国浪尖上的人物，到现在都灰飞烟灭了，为什么？都是因为赌性太强。

德鲁克讲了四大战略，其中一个就是孤注一掷，为了成功把一切都赌上去，不放弃。这势必会带来一个大问题，就是出现大败局。我们这一代人，如今也看到了，"二选一"反垄断，都是我们这一代企业家走过来的。在这个意义上，我们这一代企业家成也因社会达尔文主义，败也因社会达尔文主义。

曾经有个研究企业家群体的经济学家，他指出了企业的赌性。他说：我们注意到，在企业环境下进行赌博，并不是一件令人愉悦的事情，但是企业人员或企业家不可能在一个完全确定的条件下作出决策，因此人们常常用投资、企业发展机会等名词来替代风险。管理者以及企业家是否真的理解风险和不确定性的基本原理呢？人们认为企业家是根据其想象进行赌博的人，他们考虑到个人风险，但是他们所冒的风险会给其他人带来什么影响呢？这些被强迫症驱使的赌徒被认为是丧失了责任感。因而人们当然想了解在商业以及企业家的冒险中，对企业家自身以及其他人而言，责任感到底会起到什么样的作用。

这个经济学家讲得特别透，对我们这一代人进行了批判。当我们冒险的时候，我们有没有想到我们给社会带来了很大的风险？这也是企业家和当下整个社会慢慢出现的对立情绪的一个很重要的因素。

下一步怎么办？我的小说中写到底我们这一代人要往哪里去？要追寻什么？我给大家念小说中的一段。

然而朝阳并没有升起来，就在 7 点 15 分左右，太阳要闪亮的那一刻，一声雷鸣，高空风从天空深处的 60 公里以外，以每秒 60 米的速度直切下来，甚至来不及四周环顾，万山都已被灰黑的云海淹没，雷声一直砸向了万丈深渊。沉睡的冤魂、鬼魂在天气中鬼哭狼嚎起来，我被放弃了，像被雷击中了，英福把额头上的防风雪镜拉了下来，眼前的天地是一片灰暗和冰冷。回到梦幻中，他就看到了一道又亮又高的门，门里是一条宽阔无比的大道，他迈步走了进去。你们要进站门，因为引到天上那门是宽的，路是大的，进去的人也多，引导永生那门是窄的，路是小的，找到的人也少，一个声音在他头顶喊着。

这是主人公在顶峰上所经历的情景，当他下来以后，按理说这样的企业家应该知足了，被惩罚过了，不再做企业了，但是他改不了，这是这一代企业家的狼性。

吴主任通知高管，过一个小时开会讨论东方科技金融中心的项目规划，记住一定要让设计院的人到场。英福揉了一下眼睛，掏出了手机向吴京下达了命令，什么？在哪个会议室？16 层，我从哪个门进去？英福闭上了眼，脸上流下两滴幸福的泪珠，他仰起头看着太阳隐入一大团白云中。

最后发现，这个企业家实在改不了，要把他身上的社会达尔文主义去掉太难。为什么？他已经形成基因了。

五、选择：在进化的历史台阶前

庆幸的是，我们看到了一个新的社会意识在兴起，一个新的企业家团队在兴起，最关键的是，这一代年轻人赶上一个好机遇。现在行业所有的资产都是固定的，但是在数字经济到来的时代，所有的东西都可以数字化，比如服务、文化节目，所有的一切都可以数字化，也就变成了社会的数字资产。

数字资产的生产，需要先进的理念，而不是钱，需要对数字资产制造高度重视，其超越了金融，金融只是其中的一部分。

2019 年 10 月 24 日十九届中央政治局举行第十八次学习，学的是区块链，把区块链当作中国下一个 40 年重要的经济发展动能，然后提出了数字经济、数字中国。

人力资源和社会保障部规划培育全民数字技能，这个数字经济的提出解决了中国的大问题，中国已经基本解决了绝对贫困，但是还有个问题亟须解决——数字贫困。数字公平问题太突出了，当我们坐着开这场会的时候，西藏人听不着，这就出现了新的不公平现象。培养全民数字素养，我敢说每个人的数字素养都有提高的空间。

数字经济模式还将带来新的商业模式，这个意义就是，新一代创业者赶上了伟大的时代，数字经济的创业时代是我们以前没有过的，现在任何人在家里都可以创业。而且数字经济时代，不太可能赌，因为数据是公平的。

六、硕果：把一粒种子埋进中国的土地里

人类要进化，从套利者转到创新者这是进化需求。我们要培养新一代青年创业者，他们知道企业家应该干什么，他们了解中国是怎么进步的，并持续推动中国进步。我相信，中国会有新一代的企业家成长起来，也会出现新一代的企业家精神，这也是北创营努力的方向。北创营联合社会进化模式，希望所有创业者以后都有机会来我们的课堂学习。

下一个 30 年一定是元宇宙

非常高兴回到家乡。我的祖籍是河南新郑，尽管从来没有回去过，但是我和所有人都说我是河南人。今天看到洛阳高新区的发展，我感觉非常振奋。

我对洛阳的感情很深。我们家院子里有七八十棵洛阳牡丹，是当年我在中国市长协会当副秘书长来洛阳开会的时候，市长送的，大概送了 200 棵吧。后来我又给北大拿去 100 多棵，北大开得最好的牡丹是洛阳的牡丹。每年到 4 月我就不出差，为什么？就想在家看洛阳牡丹，这就是家乡情结。

很高兴来到北大创业训练营。我与北创营感情也很深，我们北创营到现在已经做了这么多年了，服务了 100 多万人。我有幸做北创营理事长，我也当了 5 期班主任。对我这样的人来说，无意中下海，变成了所谓的企业家，像做梦一样。我怎么变成企业家了呢？只有在中国才有这样的奇迹，你可以做官员，可以做文人，而且你还能做企业家，这是其他国家没有的，中国太了不起了。

改革开放打开了市场经济的大门，释放了中国社会的企业家精神。什么叫企业家精神？就是破坏性创新，就是无中生有，就是摸着石头过河。中国共产党、中国政府，这40多年以来，完成了人类百年未有过的伟大事业。

现在看，从北创营第一期招生到现在，创业的环境出现了重大的变化。我也很兴奋。第一个兴奋，我当年能够从中央机关下海，现在想想，人生不后悔，为什么？太精彩了。我天天夜半惊梦，但是所有的人生价值都实现了。搞创业最大的魅力，就是体会生命的价值。我三次登顶珠峰，全世界的高峰我都去过。现在回头想，得到了什么？没有浪费生命，知道什么叫生、什么叫死。创业了，就知道生命价值最大的发挥，哪怕你遭遇最大的痛苦、最大的失败。这个东西在生命当中是最可贵的，这个时候你才知道生的意义。

第二个兴奋，时代，我们赶上了数字经济时代。数字经济时代，在全世界是一个大的概念，但是在中国还存在数字素养有待提高的问题。如果说我们解决了绝对贫困的问题，我们现在面临的大问题，就是解决全民的数字素养问题，就是对数字经济懂不懂，理解不理解。北创营面临的问题就是，创业是在数字经济的领域里，但你还在传统的经济领域里。我先讲在传统经济领域创业是个什么样的概念。

传统经济学是什么理论？投入产出的优化理论，传统企业创业的要素离不开土地、资源（矿产资源，各种资源）、资本，还有劳动力，传统企业创业就是靠这些，你是不是能够更优化，是不是站得更高，能不能打败别人。在数字经济时代，它生产的资料是什么？就是 0 和 1。0 和 1 是什么？以数字化的知识和信息为关键生产要素，以数字技术为核心驱动力，以现代信息网络为重要载体。这就是整个背景要素变了。企业的利润在哪里？怎么过来的？从传统的创业领域到数字领域，在这个意义上，现在创业的年轻人来到了数字经济时代，在这个时代打开了无限的可能性。那么，创业的核心在哪里？一个是数字的产业化，你们看到最近中央的决策——东数西算。东数西算是什么意思？东边的数据，算力放在西边，为什么放在西边？西部拥有电力、各种能源，这个在中国历史上从来没有过，在中国经济发展板块上会改变很多很多东西。东数西算，西算要投入基础设施。为什么腾讯等大的数据库放在贵州、宁夏、内蒙古？这就是数字经济时代一个大的经济板块模式的出现。然后就是产业的数字化，产业的数字化带来很多发展，美团为什么能做这么大？它产业数字化。在这个意义上，我们要理解数字产业化和产业数字化是数字经济的核心，它的生产要素，从传统的资源变为数字，就是 0 和 1。

"十四五"规划最大的特点是经济规划，讲数字经济。

在这个意义上，数字经济的创新有哪几个内容？一是知识内容创新，比如现在看到的很多影视内容，各种知识内容的创新；二是技术创新，比如 VR/AR 这些；三是管理创新，数字经济的管理跟传统经济的管理完全不一样。

我看到，北创营有在传统行业里创新的人，也有进到数字经济里面创新的人。举个例子，北创营的一个河南学员是从国外回来的，他做传统的产业创新，做猕猴桃。他的问题在哪里？我们探讨过，猕猴桃这个产业现在最棒的是新西兰，联想的佳沃也在做，但是联想已经投降了，做不过新西兰。为什么？因为没有知识产权。猕猴桃的核心知识产权是新西兰的。佳沃现在变成给新西兰猕猴桃做代理。我跟这个学生说，你可以做着玩儿，但是你绝对做不大，你做到200亩的时候，做着玩儿可以，做到2000亩的时候，你还有规模，2万亩，你不能控制的。为什么？市场的变化，各种链条的变化、资源的变化，都不是一个创业者所能掌握的。在这个意义上，我认为这个创业项目很可能会失败。但是我鼓励他，你可能失败，是你没经验，传统产业链条的资源是有寿命限制的。

有个博士生，这个人做什么呢？现在总出现消防员牺牲的事情，消防员一进火场就相当于跟外面断绝了联系，外面所有人不知道里面发生了什么。他做了一个数字技术，进入火场以后，外面的指挥员能看到火场里面所有的情况，他就能够指挥，能够有效地救援。这个项目在全世界还没有，如果这个项目在中国成功了，对整个中国国民经济的推动是非常非常大的。所以，这样的项目，我说你往下试，一定会成功。

还有一个博士生也很有意思，这个人获得了很多优秀的奖，他创业好多年，最近刚上我们第九期班。我说你创业这么成功为什么还来？他说他还要在创业的资源上再重新思考一下。他的成功在于他走的数字化。他对周边所有的数据进行分析，他的营销也通过数据来完成。这就叫产业数字化。

还有一个学生很棒，智能医疗将是下一个20年的黄金产业。这个项目就是用 VR 技术解决医疗行业里面的问题，比如，在西藏做个手术，专家在北京可以协助完成。它在一个正确的赛道，同时，它对中国智能医疗是一个推动性的进步。这样的项目我很鼓励，对中国经济一定具有推进作用。

我欣慰的就是自己赶上了数字经济时代，无限的想象可以实现。我也在做实验。做什么？我们现在做了一个丹曾人文教育。我们做了一个元宇宙学习社区，先从生产开始，让内容创新。比如，古典诗词写作、朗诵艺术教程、唐诗宋词线上教程，找一流的学者把这些内容生产出来，然后我们把它视频化、数字化、元宇宙化。现在你们学习的模式是什么？要么今天我站在这儿，你们听我讲，要么你们拿着手机看屏幕，要么回家在电脑上学习，要么在课堂上听老师讲。目前的学习就是这个模式。但是到了元宇宙，你们再上课，我让你们进入元宇宙虚拟现实里面，我们利用数字技术，坐在里面来共同学习、讨论，所有的内容都变调。那个时候，有可能一个大的学堂能容纳100多万学员，各种课程都可以同时开，但每个人都以数字身份进入元宇宙社区里上课学习。

我们最近跟北大歌剧研究院院长金曼老师联手，办一个元宇宙的歌剧院。她到山西大学当音乐学院院长，山西大学正在建歌剧院，我说你千万别建，花5亿元才能建成歌剧院，花2亿元就能建个虚拟的。虚拟的元宇宙社区，解决了音响、机器人、演员等所有的演出问题，在这个大社区里能有10万人参加，可能有100个剧场，搭了元宇宙的平台以后，这个戏可以进来，那个戏可以进来，观众随便去选。下一步，可能在全世界有一两个剧院是够的，你们已经看到现在百度做的，虽然说它很初级，但是那是未来。在这个意义上，我们尝试以内容的生产为主，但是考虑若干年后整个中国的教育、学习模式全部在改变，这是个创新。

我还做了个辛庄课堂，跟张维迎老师共同做的，培养数字经济企业家。到了数字经济时代，企业家必须创新，真正变成创新型的数字经济企业家。在这个意义上，辛庄课堂下一步在数字经济的概念上下大功夫，这是我们目前做的实验。

当然，我们也做实验，做中国诗人名人馆。中国是个诗歌大国，法国有先贤祠，中国为什么不能有诗人先贤祠呢？比如，我们找出中国古代 100 个诗人来，每个人建一个虚拟的形象。比如，我们做个李白的平台，你再研究李白，讲《蜀道难》，你就会回到《蜀道难》的现场环境，跟着李白走蜀道，做一个虚拟的诗人名人馆。

中国和田玉有 8000 年的文化史，我们做了很大的一个馆。和田玉是很稀缺的资源。在我们做的和田玉昆仑山虚拟社区里，你可以回到虚拟社区里挖矿、找玉，最后有名家老师带着你进入数字雕刻领域，这样，一是把文化传承，二是把数字产业做起来。

刚刚成立的中国移动元宇宙产业委员会，我当选常务委员，为什么？因为内容。他们很吃惊，生产这么多内容，每门课都从元宇宙世界出来。比如，世界神话鉴赏，以后再看希腊神话，你直接在元宇宙就能看到书上的内容。现在元宇宙产业委正式当选的有 98 家（人），中国在做元宇宙产业，VR、AR 这些产业，已经有企业在做了。

我给大家介绍一下元宇宙现在是个什么概念。你们可能没看，2021 年 11 月 17 日，《人民日报》有一篇文章，元宇宙的意思是万能吗？它打的问号，它说，尽管我们不理解，我们要宽容，我们要等待。这表明中国政府宽容的态度。

2021 年 12 月 17 日，中纪委网站的一篇文章，是《深度关注：元宇宙如何改写人类社会生活》。这篇文章讲得很透，元宇宙是科技与人类智慧的集成体。下一步，我们作为企业家来看，前一个 30 年支柱产业是房地产，下一个 30 年支柱产业一定是元宇宙。它是所有的数字科技与人类智慧的集成体，是数字经济巨大的背书体。在这个意义上，美国是什么态度？美国政府对此持怀疑态度，它主要是以保护隐私为主。所以现在马斯克、库克这些人拼命游说美国政府，说一定要把元宇宙产业立法，要支持，欧盟也是这样，但是哪儿快？日本做了。最快的是韩国，韩国已经做了元宇宙首尔。韩国做的是什么呢？它以谷歌给韩国的首尔做元宇宙创业营。百度、腾讯，现在都在做，速度很快，所以在下一个 30 年进程当中，中国的数字产业很可能以元宇宙产业为代表，这在世界是领先的。所以，你要创业，就要回到数字经济产业去创业。

在这个意义上，我们面临的是什么问题？韩国都有了首尔元宇宙创业营，我们还叫北大创业训练营，多落后啊，在这个意义上我们还得努力。上海迪士尼带头，全部做元宇宙产业。北京做什么？北京的副中心提出了元宇宙八项规则。无锡在做元宇宙实验区，武汉在做，安徽合肥也在做。这些城市全部都把元宇宙概念放在高新区里了。

此外，企业家的数字素养有待全面提高。国民数字素养的普及很重要，下一步全世界的不平等会是数字的不平等。中国已经走在前面了，非洲国家完全是落后的，这是人类新的贫困模式。所以，中国从绝对贫困走出来以后，需要解决的就是数字贫困的问题。

在这个意义上，在数字经济当中创新，我们会解决什么问题呢？

一是避免传统经济模式中寻租和被寻租行为。传统产业因为资源的问题，就容易产生寻租，数字不存在寻租问题，大家都安全。

二是数字经济有助于规避传统经济模式中破坏性创新带来的道德风险和陷阱。破坏性创新带来的问题就是胜者为王，为什么现在企业家带来那么多诟病？就是这个问题，为什么你那么有钱，你剥削，你"996"，所有的问题都出现了，数字经济不存在的，就逃避掉道德陷阱的问题了。

三是传统的创业，资源是有限的，数字经济创业就是0和1，无限的，不存在稀缺性，它的消费者在哪里市场就在哪里，它是无限增长的。

四是数字经济没有边际效应，比如一本书，数字经济这个课出来，卖100万册是它，卖1000万册也是它，没有增加成本。在这个意义上，跟传统创业模式又不一样。

最后一个很关键，现在政府在调控，经济在发展。比如，教育行业，我给俞敏洪写了篇文章《认尿吧，敏洪老弟》，其实没让他认尿，意思是你做得很好，但是我们要认识到游戏规则变了，咱也得变，并不是说躺倒不干。我们可以避免非市场战略的风险，很多经营不是企业家能够掌握的，是经济发展和政府的游戏规则改变带来的，这对创业者是最大的风险。数字经济创业可以避免非市场因素的毁灭性冲击。

在数字经济时代，传统企业的转型和创新，必将带来人类生产模式和消费模式的颠覆性改变，而从传统经济模式中成长起来的一代企业家也可以在数字经济实践中化蝶涅槃。在这个意义上就产生了新的概念，一个叫数字经济企业家，一个叫元宇宙企业家。

我的管理学

人力资源运营：企业核心竞争力

我们每天要面对理论解决实践的问题，就是你想做好企业怎么让员工跟着你一块儿发展、创造，推动社会的进步，这是企业老板最大的问题。

我们进入一个大变革的时代，中国经济真的要转型了。但是人才的概念和人力资源培训体系还没有转变，还是落后的。

我有几个想法。

第一，需要中国人力资源培训体系尽快转型，不要再以过去旧的理论框架培养人才。比如，国际金融危机以后，实际上已经证明全世界商学院都是有问题的，他们没有培养出推动社会进步最需要的人才，而是培养了很多"坏蛋"，带来了金融危机。因为他的理念就是利润至上，他的教育背景就是竞争，竞争的背后就是达尔文的生存法则。用这个观念培养 20 世纪的人是可以的，但是，现在还在用就有问题了。为什么出现这么多劳资冲突？背后的因素就是，社会对于道德、对于共享的东西已经越来越有需求了，我认为商学院旧的教学体系已经不适合了。

第二，需要国际化培养的视角。我们一定要研究国际上其他国家是怎么走过来的，日本、韩国、美国、英国是怎么走过来的，是怎样解决人才问题的。它们背后一定有极大的人力资源体系在支撑，否则走不到现在。这个我们要换一个视角，不要关起门来研究自己，因为我们自己的基准模式还是比较落后的。这就需要建立一个国际化的企业文化核心体系、人力资源体系，要找出普世价值的共享理念，不管你是外国的人力资源人才，还是中国的，我们都接受一个理念，比如，是不是共享，是不是在创造我们未来经济全球化的时代。

人力资源的成本上升是不可避免的，我们不要抱有幻想。反过来，企业千万不要从员工身上扣钱。我现在做的最令我自豪的是，我有3000名员工，大家都很稳定。我的任务就是让他们天天稳定，带着笑容回家，这是我的光荣，我感到特别自豪。为什么？每名员工后面都是家庭，让这3000人活得很安心，我觉得社会就多了一些稳定，所以为了员工我们应该考虑。为什么员工安心？一方面，不只是工资机制，最重要的，是让他为在这个企业而自豪。比如，我们有两个党委，好多大学生以前没要求入党，但是到了中坤后大家纷纷要求入党。这些孩子让我特别感动，在我这儿入党升不了官、发不了财，这些孩子从来没有迟到早退，大家工作都很尽心。这是企业文化。另一方面，我们人力资源机构要选对行业。现在互联网和人力成本这个行业肯定很惨，人员流动性很大。但是如果选择中坤，就选择了一个跟社会经济政治向上发展的行业。比如我们做的旅游地产，这种资源中国越发展，它就越升值，在这样的背景下，员工的工资调整大大被增加的物业升值覆盖，你要选择一个与时代发展同向的行业。

我们现在探讨很多的是模式，第一，我们关注劳动力就业职业培训，比如我们解决就业时，让从来没有工作过的中年妇女培训后上岗，她们觉得挺自豪，她们说终于可以挣钱了，而且还是在家门口；解决了一名服务员的问题，服务员是年轻有文化的，我们把她再提升做管理人员。人力资源体系的解决，不要老盯着白领阶层和大学生，应该多方面考虑这个问题。第二，我们引进很多国际人才，引进到企业以后，对现有企业人力资源体制是一种相互的补充、激励和提高。一家企业要用多种方式参与社会人力资源体系构建，而不是简单的抱怨。我们在中欧商学院建了讲习所。以中国地质大学有山的资源，我们建立了户外运动管理专业，既解决了大学毕业生就业问题，又解决了新的人力资源培养体系。

总体的意思是，在一个新的大变革时期，共建一个新的人力资源体系是社会各界的责任，不光是学院的责任。企业一定要参与进来，人力资源管理应该是人力资源运营或者经营，这是一个企业的核心竞争力。

好的管理就是尊重员工的创造性

什么叫管理者？就是指挥调度他人来完成任务的那个人。你一定要尊重员工的创造性。不是简单的像一个军队的士兵，让射击就射击，让卧倒就卧倒，企业管理者是通过他人来完成你制定的任务的。好的管理是有一种机制和信念的，尊重他人的劳动和鼓励他人的创造性。其他的都是小细节了，今天员工迟到了，明天员工早退了，这些只是做企业的外象，核心还是怎么理解管理和管理者。

德鲁克应该得到尊敬，他解决了企业和公司的本质是什么；再一个，他奠定了管理的基因。再往下很难说，现在世界天翻地覆，没有一个流派是完全对的。

所以下一个阶段，我们需要探讨自己的管理。我是中欧EMBA培养的，我的案例是哈佛案例，那些案例上的企业有多少还在？他们还在奉行那些管理大师的理论呢！说明这些理论永远滞后于企业的实践。在这一条上把思想解放了，我们中国企业就进步了。

我不赞成哪个流派，你的企业让你经营得很舒服就是最好的流派。从现在开始企业家不要迷信哪个流派，因为我们面临的是不确定的未来和不确定的时间。我们只管去干，让那些思想家跟在我们屁股后面，把我们怎么挣到钱的经验总结出来。

欧美杰出企业家与我们中国杰出企业家有什么异同之处？

我认为，第一，中国还没有企业家呢，因为我们现在都不能证明我们是成功的，要给我们50年的时间才能证明。而且我们的体制还没有彻底改革。在一个没有彻底改革的体制下，怎么可能出企业家呢？我们现在只是人为地打造企业家群体而已。说到底我们只不过是投机分子，国家调控了，这边干不了了，我们就投机到那边去干，没有一个可供企业家选择、随心所欲创新的机会。第二，企业家是要经过时间沉淀的。第三，要形成自己的企业理论，我们管理学的理论还没有形成体系。

我评价欧美企业家的标准就是这个企业创新的能力。像乔布斯、盖茨这些人才是企业家，他是一种破坏性的创新。你想不到他能把 iPhone 做成一种文化。你想不到微软改变了人类的生活方式，这个是我欣赏的。

当然，也只有市场经济很充分时，才能出这样的人才。我希望随着改革的深入，中国社会也能营造出适合企业家创新的宽松氛围和环境。

　　我觉得一名杰出的企业家追求的境界应该是不断创新，创新的快乐比挣钱的快乐大。我做度假地产就改变了很多东西，这个快乐会大于你获得钱的快乐。企业家创新的能力要大于生存的能力。我希望一名杰出的企业家是不断创新的，而且是破坏性创新，这是对世界最有用的企业家。

利益链的和谐

企业文化，近年来是个时髦的词。但是，在企业经营的实践中，究竟该怎样去培育和宣扬企业文化，是一个让人困惑的难题。

在制定公司治理方案时，我意识到追求社会和谐，化解社会矛盾，解决不同利益阶层之间的冲突，将是中国社会、政治、经济方面的重要任务。作为企业，肯定得讲大局，讲政治。作为社会的一个单元，企业应该也能够起到至关重要的作用。这就是让一个企业的内部真正和谐、解决好劳资双方的利益冲突和矛盾，促使企业内部具有强烈的合作气氛、团队精神，这可能就是真正的企业文化了。

在这里，和谐是最基础的价值观。这种和谐，首先是董事会和职工的利益和谐。那种我出钱雇你、你花力气干活的日子不会再有了。也不是简单地给了期权股，就能解决归属感的问题，其中的道理和麻烦必有许多。但是，要想一家公司真正治理成功，是要真正解决企业的各个利益阶层都能共享、受益和认同的文化内涵问题。

现在，假定这种文化内涵里不分出资者还是出力者，都是在一条利益链上，不是简单的雇佣、被雇佣关系，而是一个互为依存的关系。也就是说，相互的尊重是必备的条件之一。一家企业如果总处在内部对立当中，用简单的开人和炒老板的做法来维持经营，肯定两败俱伤。那么，怎么办呢？我们想到了党、团组织以及工会、妇联的作用，我们发现有一个很好的现象，就是我们的党组织每年要收到许多年轻人的入党申请书。许多大学生在大学期间都不曾有过这样的要求，但在企业工作一段时间以后，主动要求入党。在企业入党不能升官，也不能发财。但大家还是积极表现，我们也问过一些已经发展入党的年轻人，也曾经想做一个党建课题来研究。但是，不管怎样，在这些年轻人的身上，我看到了我们党的未来和希望。我们加强党委工作，鼓励青年职工参加党课培训、学习，把为社会创造、为社会做贡献作为企业党员的政治目标，以此带动我们的企业营造一个向上的政治气氛和良好环境。

我们恢复了团组织，把年轻人加入进来，鼓励他们和社会上的、企业外的青年开展交流活动，促使他们建立一种社会责任感。我们要求成立妇联组织、工会组织，要求与董事会相独立，提倡监督。必须定期提供经费，让这些组织自主开展活动，针对企业的规章制度、劳动福利提出意见。所有的规章制度必须经工会组织员工讨论通过，再来实施。也就是说，用员工制定的制度来管理员工。对员工的重大处罚和解聘解职要通报工会，征询工会意见，确保管理层不滥用职权。我们企业有一半职工是女性，但高管层极少有女性。因而，很少能考虑到女性员工的生理特点和家庭负担。所以要求妇联组织积极保护女性员工，反映她们的利益诉求。我们自己都有兄弟姐妹。既然我们希望自己的姐妹、女儿受到社会的保护和善待，那么，我们责无旁贷首先要在自己的权限范围内保护我们的女性员工。

总之，我们希望企业内有不同层次的职工利益群体来与董事会和谐沟通，确保我们能够听到那些不满，甚至愤怒的声音，确保我们管理层的信息和员工理解的信息是对等、对称的，确保企业内部真的形成一种互为依存的和谐气氛。这样的企业才真正能够在不断的调控中生存发展，才是真正能够创造财富的。也就是说，要形成一种企业文化，就是那种不要让任何一个员工从企业的利益链上掉下去的企业文化。这也是我们要抓好党建工作，即共青团、工会、妇联工作的目的所在。

我们以为这是社会主义市场经济下的、企业内的党团群众组织的发展趋势，是真正中国特色的企业文化，也是我们持之以恒与外企或其他形式的企业在 21 世纪竞争的文化利器。

二流团队做一流企业

涅槃，是佛教语言，大意是死而新生，脱胎换骨。

中坤的管理，从来不是一流的。因为它成长得太快，随之而来的是中坤的高管团队、管理层也仅仅是二流的，或者三流的。我自己呢，绝成不了中国企业的领袖式人物，也做不了一流的企业家。因为，我的心不在这儿，毫不隐讳地说，我并不热爱做企业，做企业仅仅是为了生存。做穷人，做底层，非常难受，就会渴望财富，渴望成功。但太富了，这个财富也就变成了麻烦。你得防人偷，防人抢，防变得一无所有，再穷回去，那才是真正的灾难。所以，为了不得不继续把财富延续下去，就得以企业的方式生存在企业当中，至少，得给员工们一个实现梦想的机会。

那么，我们就需要公司治理。

公司治理的第一个方面是解决价值观的问题。各位高管已经习惯了，或者假装习惯了你思考、我执行，你投资、我实施，你给钱、我干活儿这样的生存局面。意思是风险与己无关，背后的意义是，反正你是老板，大不了企业不行了，或是我不顺心了、长本事了，就另谋高就。也不知你哪天犯病了，起疑心了，把我开了，我干吗不早留个心眼；或者，说不准，你有一天疯了，狂了，把企业玩毁了，我们往哪儿去？如此等等。另外，可能是致命的，就是我大我强势，人们无奈，才华不能施展，得不到表现的机会，因而，也碰到了成长的天花板。

必须改变这种局面。为此，今后的任务，是把每个子公司彻底独立。每位高管，必须制订出 5 年经营计划，也必须掌握使用一定权力，并承担相应责任和代价。不优秀的，及时淘汰，毫不留情。既然是在现代企业的平台上玩了，你不玩，就让位，玩不好，也让位。反之，你玩好了，你就长了本事了，

公司治理的第二个方面是解决组织架构。公司小的时候要往大里做，要形成品牌。做大了，要化大为小。要把目前的算大账、集大权、吃大锅饭变成 AA 制。每个公司独立核算。副总经理以上的人员由集团总部任命、考核，财务人员由集团总部派出、任命、调动。签合同、用章报集团总部审定。日常财务权力下放到各子公司，中层以下管理人员及员工由子公司、分公司招聘管理。到年底拿业绩说话，不光规定利润的增长，还要看员工工资、福利、奖金增长幅度，是否同比增长，看员

工队伍稳定状况。否则，保不准就变成了周扒皮、黄世仁。在我这儿是一副脸，转身，面对员工、下属了，又是一种凶神恶魔样。

公司治理的第三个方面是解决激励机制。在十年战略的框架下制定。董事会、高管要制定员工个人十年规划，也就是说，随着集团财富的增长，员工的财富也要有相应地增长。其中一部分是股权，按年兑现。如此，每位员工可算出 10 年后自己的财富和地位。当然了，前提是大家要一块儿好好经营。

我承认，员工、团队和董事会，尤其是对于我，在某种意义上，在利益上是对立面。别指望你说几句好听话，描绘美好前景，画个葱油大饼，承诺关心、爱护每个人，每个人就信任你。外面肯定会有更好的老板，干吗非跟你干？外面还有比在你这儿赚更多钱的机会，干吗非在你这儿？你做富人、名人，我凭什么要为你卖命？你以为你是老板，是社会名人，我看你是傻子。你以为你是个诗人，知道不，要不是你有钱，你那几句歪诗，一文不值，我是懒得写，我比你写得强多了，只是倒霉，没有好机遇，等等。这些话语，永远不会说出来，但永远存在。所以，你的制度再好，文化宣传再动听，一定不能指望大家真的信你。那么，我们就心照不宣地约定，你玩你的游戏，我定我的制度；你打你的算盘，我画我的红线。这是互动的。只是，不要出格。双方都不要玩过火、玩大了。

公司治理的游戏，规则基本讲完，大家看着办，一个二流的老板带着一个二流或者说三流的管理团队，指挥着不知该怎样归流的员工们（当然都是优秀的），去做必须做成一流的事情。奇怪吧？但是，告诉你们，真的能做成。因为知道自己是二流的，所以你是清醒的，你是警惕的，你还是谨慎的，你永远知道和必须找一流的、比你强的人来帮助你。这就是中坤的诀窍。

举个例子来说，地产界有那么多别人说是一流、自己也说是一流的大家，但是财富呢？做企业最终的目标是利润的增长，财富的增加，团队的打造，员工的富足、安定，对社会的纳税、贡献。因为中坤是二流的，所以埋头苦干。大家突然发现，中坤做了那么多项目，每个都近乎成功。第一次上福布斯富豪榜，就排在了许多"一流"的前面，别人的财富是不是真的，我们不想管，但我们的财富是真的。而且是让我们睡得踏实的。

那么，所有的炫耀有什么用呢？

因此，我们的公司治理，是中坤一个新的开始，是一个阳光下的旅程。

成事心法

做企业让我得到"权力"和"自由"

我 1956 年出生在甘肃兰州，青少年时代在宁夏银川度过。1958 年的"三反"运动，我父亲以现行反革命的罪名被判刑 3 年，他在狱中含恨自杀，两岁的我便戴上了"黑五类子女"的帽子。受大哥的影响，我 11 岁就加入了当时的民间书友会，因而比同龄孩子更早接触文学，12 岁时连看带猜地读完《西游记》《三国演义》繁体字版，还读了很多泰戈尔、惠特曼的诗，13 岁时，《宁夏日报》就发表我的诗歌了。如果我从小不读书，不写诗，我可能就变成一个浑小子了，也就没有后来的人生轨迹。正因为大量读书，我才有自己独立的思想，插队时才能脱颖而出。

1973 年，我作为"知识青年"来到银川郊区的通贵公社通北大队。那时候我对自己"黑五类子女"的身份已经非常敏感了，我只有白天拼命干活，晚上向书寻求慰藉，读完了《资本论》。因为苦干、能干，村民们对我印象非常好，插队仅半年我就入团了，任大队团支部书记，不到一年我就当上了大队会计。用现在的说法，我是大队的 CFO（首席财务官）。其实那会儿我连算盘都不会打，都是现学的，这可能为我今后干企业埋下了伏笔，我对数字、对成本的概念从那时就树立起来了。

18 岁生日刚过，我和每个有志青年一样，对入党充满向往。但出身问题成为一道障碍，有人提出我是"现行反革命分子"子女，多亏大队支部书记据理力争，我才以"改造好的现行反革命分子子女"身份入党。那个年代，有些事是很荒唐的。

入党以后，确实有翻身得解放的感觉，出身不再影响我的前途。1975 年，军区到我们那里选体育兵，我那时身高 1.88 米，是通贵公社篮球队的主力，但我没去，我想上大学，后来也有当工人的机会，我也放弃了。到了 1977 年恢复高考，我把握住了人生第一个重要机遇。北大中文系当时在全国挑了一批各省的文艺尖子，而我在《宁夏日报》发表过大量作品，党员身份也成为重要加分因素。人生就是环环相扣，选对了路，接着走就是了。

从农村走出来以后，北大的人文环境更让我如鱼得水。北大有一批非常棒的教授，像谢冕、袁行霈，上他们的课就是艺术享受，我之后的诗歌创作就是师承谢冕先生。

在 20 世纪 80 年代初，大学生毕业后最好的出路就是进机关，或留校任教。当时中央和国家机关就缺年轻人，尤其北大、人大的毕业生，供不应求。那个时候我对国家兴亡的那种责任感、使命感极强。我如愿进入中央部委，26岁晋级副处，29岁晋级正处，仕途一帆风顺。

在中央部委，我站在中国政治的最前沿，看到了风云变幻的10年，中国的经济改革和政治改革问题最尖锐的阶段，我没错过，而且是近距离参与。我做过人事工作，看过好多人的档案，有20世纪30年代、40年代入党的人，感受到人无法跟政治命运对抗。我继续做下去会是一个好官，但这不是我的人生目标，我想离开这个环境，看看自己能不能生存下去。我找到陶斯亮，他们正在组建中国市长协会，邀我加盟。1990年，我离开中央机关，进入中国市长协会工作，并出任该协会下属的一家出版社的常务副社长。

在出版社的几年，是"惊心动魄"的几年，我对"政治斗争"有了全新的认识和切身的体会。因为其中牵扯很多人、很多事，就不一一言表了。1995年我离开出版社回到中国市长协会任职。1996年，相关部门出台规定，要求协会与下属企业所有权脱钩。北京中城信息交流中心当时是协会下属的多家企业中的一家，主营业务是房产中介，负债50万元。协会决定给它改制，但没人愿意接手，我愿意承担公司的所有债权债务，于是改到我名下，公司也更名"中坤"。现在回头看，我下海实际也是无奈之举，我当时一点不懂房地产，稀里糊涂地就去做了。

我们第一个项目是北京印刷三厂的旧楼改造，挣了200万元。接下来的大项目是"都市网景"，一块别人拿不下、不愿拿的地，我一查，那块地当年是军工厂的隔离带，但那家军工厂已经转产了，不再有保密的义务，那块地的性质应该可以调整。我找了很多部门，我之前的工作背景起到了很大的作用。就要谈成的时候，中远房地产的李明插手了。他是我的EMBA同学，我出项目，他出钱，于是我们联手，这个项目挣了8000万元。

做企业是历史给我的又一个机遇，我赶上了中国房地产行业爆发式发展的几年，当初谁能料想房价会涨得那么高呢？我做旅游也是阴错阳差，我的一个朋友在安徽当副县长，请我为该县下辖的宏村投资一两百万元，那是1997年，我当时虽然没什么钱，但是我知道宏村的商业价值，我请清华大学的陈志华教授和当地规划院联手做出了一份保护规划，所以2000年申报世界文化遗产时，宏村轻松战胜江苏古镇周庄。中坤从旅游开发中尝到甜头，接着又做了新疆的旅游项目。

我有必要提一下我的团队，我任中坤集团的董事长，集团总裁是一个年轻人，焦青。他在市长协会时就一直跟着我，是我一手培养起来的接班人。说到团队，我想起了2001年的那场被镇压了的"公司政变"。

　　我从商是半路出家，一开始思维方式仍比较"官僚"，我最初的创业团队成员都是我的老部下、老同事，我非常信任他们。偶然的一次，中远的李明跟我聊天，说你怎么又成立一个公司？我这才如梦初醒，原来他们早就私自联合注册了自己的公司，还把公司的一层办公楼的产权也转到了他们的公司名下。我及时出手，平息了"叛乱"，将"叛军"统统扫地出门。种种迹象表明，他们和我在公司战略上存在分歧，不愿跟我搞旅游，另外担心焦青替代他们。作为一个诗人，我觉得人性很悲哀，在钱的面前有人真会丧失理智。不过换个角度看，公司洗了个大澡，借势完成内部利益分配体制改革。从此，一路平步青云，发展得令我自己都吃惊。

　　做企业让我产生两种感觉：一个是掌握了权力的感觉，挺自豪的，我能让我的员工富起来；压力就是做不好的话，我可能会毁掉他们的生活。再一个就是自由，一个人在经济上、政治上不受约束的时候，就是自由的。

　　我现在仍觉得自己不适合做企业，因为我不愿意陷入具体的事务当中。但时代大潮把我们推上了浪尖，结果就做成了。我们这代企业家是很特殊的一群人，看我们这一代企业家的发展轨迹，这批人的背景都是官员、知识分子。而我们中华民族的精英阶层，从以做官为荣，到以做企业为荣，正是最近十几年的事情。大家看到的是成功的，其实更多的人都失败了。

好在我把握住了每个机会，和着时代发展的脉动，一步步走过来了。我没有浪费我的生命和时间，基本上社会的每次大潮我都经历了，我是参与者，也是受益者。

除心贼

　　中国的文化，是绝对尊重知识的，以至于到了鲁迅笔下，那孔乙己的信条是窃书不算偷。如今的老总们，都有过去。少年时代不淘气、不干小小的坏事的，大概不多。如今老去了，少年的淘气事成了回忆，就有许多人会说出当年的淘气事，但凡谈到在书店偷本书，半夜翻墙进图书馆偷书，借了同学朋友的书赖着不还，都很得意。并没有像议论到偷人家的钱，窃人家的自行车那样耻不可言。这些好玩的事情，背后的含义是为了学知识，这顺手之便，算不了耻辱，社会对这类事也大都很宽容。

　　今日不同了，恐怕这个理念、文化，得好好琢磨琢磨了。就像心中的贼一样，你常常会意识不到它的存在，因为你并不以它为耻，结果呢，会导致你在日常生活、企业经营当中的不法不轨行为发生。

说这事，得拿自己开刀。中坤成立 10 周年后，我的主要任务是公司治理，当下做的是制定中坤旅游标准，以及中坤企业社会责任标准。标准的内容，首先涉及对社会承担的责任和对员工承担的责任。为此，自己带头反思中坤的企业经营中有哪些不轨之处。

　　税吧，咱不敢逃，也不想逃。在北京海淀区，咱是纳税大户，政府还奖了车。在黄山，咱是纳税第一名，标志着当地经济从传统农业经济向旅游经济的一个转变。论慈善吧，咱排不了慈善榜前十，但也还可以。胡润财富榜上排了个第二十名。其他咱懒得去争，捐的钱远远超过那个数字，似乎看来很风光了，这么多年也没有一个官司打。但是，我们也有一个大大的漏洞，与知识及知识产权密切相关。这么说吧，一日，突发奇想，让网络公司帮我买个"汉王"装上。言谈当中，公司员工询问："买正版，还是装盗版？据说质量一样。"当时，心中的贼作怪，并没有意识到问题，只是觉得正版的价格也很便宜，就决定买正版。想的是图个维修方便。几天后，讨论中坤企业社会责任标准时，我突然意识到，公司如何面对自己及他人的知识产权问题。刹那间，如五雷轰顶，心情悲恸。自己是做企业的，又是知识分子，怎么就没意识到所有的电脑软件都必须购买正版呢？此外，自己因为出差需要，还经常要网络公司购买盗版大片，拷进电脑观看。这是心中的大贼呀！

我立即下令，清理公司所有电脑，发现了许多不使用正版软件的行为。其实，全部购买正版，也不过多花个几百万元。捐都捐得过亿元了，行为多高尚！但还没有以使用盗版为耻，这不是很低下吗？愧疚之下，责令公司所有电脑全部打假、杀毒。不论贵贱，一律使用厂家正版！本人宁可没有大片看，也绝不再购买盗版光盘，而且要求公司员工不得使用盗版软件。否则，要承担相应的法律责任和公司的处罚。做得到做不到，慢慢看。但是公司的电脑，从此要清清白白。公司要引以为戒，破除心中之贼。要求别人尊重我们的知识产权，那么首先我们要尊重他人的知识产权。

除了心中的贼，心头舒服多了。由此，也是感慨万分。论国家、说世界的还谈不上，但是从我这一亩三分地做起，让企业堂堂正正地经营，也是一件快事。但反过来看，做大一家企业容易了，但是做好一家企业，正大光明地面对社会、世人，还很难哪。

走向冠军是一个不断妥协的过程

——在北京大学的演讲

一个独立的人，是一个自主的人，是一个创新的人。

我想，所谓冠军，就是要"不甘平庸，与众不同"。你不要像大多数人一样，毕业了有一个好工作，然后有个好家庭，有一套好住房，有一辆好车，有一笔存款就满足了。人生不是这样的。当然，我不反对这样。我认为在中国社会发展得这么平稳的情况下，这个目标在 10 年内，大学毕业生都能达到。但是又如何？你毕竟是一个有精神的人，所以你要有更大的追求，更大的抱负。

我认为，今后的 30 年，将会是我们中华民族更加辉煌的30 年，以前没有过的 30 年。这 30 年将会是你们的世界，你们要有远大的、与众不同的目标。

我想讲的是冠军的道理。冠军是阶段性的。既然是市场经济，就有市场经济的规律。我们不敢保证任何一家企业都能够长命百岁，比如花旗、贝尔斯登、安然。还有那么多的企业，它们今天高高在上，但是明天也许就销声匿迹了。商场就是这么残酷。在这个意义上，我认为冠军不是一个盖棺定论的概念。每个人在某个阶段上都可能是冠军，但它不表示你人生到达终点。

成为冠军不是一个设定的目标，同学们坐在这儿并没有办法设定以后自己要成为哪个行业的冠军。这个非常非常不现实。21世纪的社会，不确定的因素太多。但是，你在确立了一个不甘平庸的目标之后，对社会就是一个有创造力的人，是一个有贡献的人，你在这个过程当中就是一个脱俗的人。你成功的概率大在哪里呢？实际上就一句话：冠军是用失败垒起来的。一个是他人的失败垒起来的，一个是从你自己的失败、自己的痛苦、自己的炼狱中走出来的。所以，成为冠军这个过程是自然到达的过程。

那么，我提出一个问题：怎么达到自我精神的平衡呢？是不是说你挣的钱捐出去，你的精神就平衡了？就实现冠军的意义了？或者说你有阿Q精神，你说：我虽然没成功，但是我也没偷懒，我也努力了。这也是冠军心态吗？对我来说，真正的冠军的含义，应该秉承一种精神，就是北大人精神——他一定是一个独立的人，是一个自主的人，是一个创新的人。这就是北大精神。中坤之所以能够做到现在，就是因为创新。中坤的每个项目都和别人不一样，我提出的就是不竞争战略，这是北大人的创新精神。

一个走向冠军的过程实际上是一个不断妥协的过程。北大人有个特点，就是独立自主性极强，观点很鲜明，想问题也不循规蹈矩。

但实际上21世纪的社会是个妥协的社会。如果你不妥协，就要斗争，就会两败俱伤。做企业也一样。比如，我们跟一家企业做了一个项目，协议都签完了，一年以后，这家企业后悔了，说："我这个协议签亏了，你得再给我5000万元。"任何其他的人都不可能给他，但是我决定给他。为什么？因为地是他的，他没有文化，没有经济实力，没有头脑，挣不来钱。我们拿人家的地挣了钱了，他要就给他。很多人都不相信。你妥协了，但是反过来他把更大的项目给你了。所以，钱是不可能一个人赚完的。你得不断妥协。

狼性人生，无须绝望

无须绝望

说实话，我从小到现在从来没有绝望过。俗话说得好："人生没有过不去的坎儿，只要你肯走。"这句话反映了我从小到现在的一种性格。

我小时候说起来还是挺惨的，我的父亲是因为反革命分子罪在监狱中自杀的，那时我才 2 岁。当时是以阶级斗争为纲的年代，你是反革命分子的子女，那么你就被扣上猪狗不如的大帽子。我在街道上跟人打架，如果是我把别人打了，别人的爸爸来了，就是把我的头打破了我也没办法。但是别人把我打了，怎么办呢？我就要半夜到他们家把他家玻璃砸了，除非他打死我，不然明天我还去砸，直到把他砸怕为止。

小时候的我就是这样一种性格，狼一样的性格。当下的年轻朋友们可能不太知道关于那个年代的事情，那个时代教给了我不屈服，不绝望，所以你看我表面温文尔雅，其实内心中有很大的狼性。我们这代人就是这么走过来的，而我的人生中从来没有绝望过。

坚持下来

有的朋友会问我一个问题："一个人最应该沉淀的特性是什么？"我给他的答案很简单，就两个字，坚持！因为我一直以来有一个观点，那就是做事情既难也容易。我做企业经历了那么多的事情，有一天回头看，企业突然长大了，你会想起来原来这是每天都在为今天做准备的结果。就好比今天企业壮大了，你突然到了财富或食物链的顶端，这个就是你坚持与忍耐的结果。后来我又说过一句话，"一件事要么做成要么失败，你做败了才知道做不成"。很多企业家通过预想与策划估计明天会遇到失败，他就不往下做了，但是对我来说却恰恰相反。

我举个例子，原来登上 7200 米高峰的时候，我滴酒不沾，每天去健身房健身。等到登过了 7200 米后再做体检，医生说我营养不良，天天喝酒导致了我身体慢慢发胖，再想进健身房时却走不进去了。一个人丧失了动力的时候，这个人是很难战胜自己的。我想这样下去不行，我得锻炼自己，于是天天 6 点爬起来，坚持并试着锻炼，当我把这点克服了，我的身体便很快就恢复到了好的状态。一亿人有九千九百万人是坚持不下来的，去健身房办卡，最后很少有人能够坚持下来，这是关乎意志的问题。其实成功往往离我们很近，也很容易，重要的是你要有能够打败自己的决心。

做一个对别人有用的人

人生是不是一个自作自受的过程呢？我觉得未必，我觉得人生是一个有趣的过程才对。之前看过一个非常有趣的关于人生的算法，说普通人一般活 70 年。50 岁以后基本上没有什么创造力了，这叫作守成。当中能干事的 30 年，有一半的时间我们在睡觉，现在只剩下 15 年。这 15 年中再刨除无聊、应酬的时间，我们真正干事的时间也就只剩下五六年了。如果说一个人在这五六年的时间中再不去做事，再不想点创造性的东西，那我们活着还有什么意义呢？有时候，我们或许应该换一种方式去想想，人活着到底为了什么？当我们看不到未来的时候，我们需要努力去创造、打拼一个属于自己的未来，这可能就是我们所追求的积极的人生价值吧。

最后我想说的是，在努力做好自己、追求积极价值的同时，一定要努力做一个对别人有用的人。使自己对别人有用，对你的孩子有用，对你的家长有用，对你的朋友有用，对全社会有用。

我们就是从不确定的状态中走过来的

关于童年和生活

这是一个新的春天，但真不幸，雾霾严重，这也让我心情变得有些沉重。

透过不能把握的远方，我回忆童年时，心中产生的只有伤感和忧郁。2 岁时，我的父亲自杀了，因为政治运动，他作为一名革命者被批判为反革命分子。我猜想，他一定是委屈极了。回想我的童年，都是灾难，那个时候，我在街上流浪，在田野里追逐野鸟，还在贺兰山里与狼相对。

到了 18 岁，我是一个瘦如竹竿的少年。那个时候，宁夏的黄河水很混，渠沟边开满沙枣花、飘着杨柳絮，这倒给了我的生活一些温馨。让我觉得活下去有趣味的是那些书，那些小说和诗歌。我记得看牛虻的《绞刑架下的报告》，我会整夜地哭。看《基督山伯爵》，能让我设想种种的人生复仇大戏。看《三家巷》的区桃，让我对美丽的少女有了桃花一般的梦。

这就是日子，这就是我的童年、少年时代。酸楚、无望，然而又永远忘不掉。

如今回想起来，那些耻辱、屈辱以及被侮辱，都是一个民族记忆的一部分，也是今天能够衣锦还乡的资本和动力。

上山下乡的知识青年生活，是我最温馨的记忆。种麦子、杀狗捉猫，防治鼠疫，都是我岁月中值得记忆的事件。那时，老爷爷、老奶奶给我做面条、揪面片、缝制大花被子，让我开始信任人，相信人性。之后的日子就顺起来了。

最主要的收获是我读了大量的书，成了各种先进标兵。这改变了我，让我读了梦寐以求的北京大学中文系文学专业，以及毕业后留京，在中央机关工作。过去的苦难终于过去了，一切似乎都辉煌起来。转眼，已在人间的天堂。

然而，内心深处的那种怨恨挥之不去，以至于后来，不甘于做一个官员，不甘于一生如此平淡。为什么呢？因为原来那么苦过，这么舒服地活下去，太不值了。再者，赶上一个伟大的时代——改革开放。于是，坚决要求辞职、下海，变成了"92派"。回想起来，当今的公务员热，千千万万的年轻人，要一个公务员身份，真让我感慨万分。我理解大家要的是安静和那种不能明说的好处。

于 2011 年 1 月 19 日 20 点 53 分在长河湾写作的一首诗：

外婆

外婆坐在紫藤花下睡觉

她像一只老猫宁静而又气喘不已

正午的日光下她很像院墙上的秋葫芦

枯黄干涩一点也闻不着气味

她肯定再也不会有像蝴蝶一样的飞梦了

她只是一位以日计数的老太太

种下一枚什么种子时她也丝毫不再激动

收获实际上已与她毫无关系

光线在这种情况下亮起来又暗下去

外婆在瞌睡中像一只老猫俯首帖耳

就连小老鼠也不经意地在她脚下觅食

它总是能够找到外婆牙缝中漏下的饭粒

因为是秋日风一吹什么都叮叮当当地响

可是外婆总是紧闭着她的眼睛

她把耳朵遮得严严实实

外婆只是沉睡在这个世界里

关于价值观

下了海，历经磨难，夜夜惊梦。如今，想不起来是怎么挺过来、活过来的。

然而，这是我自己的人生，这是我自己的梦想模式。再难、再苦，我认了。有了财富，我思考的是怎么过得更精彩，而不是更舒服。

于是，我选择了登山。一登就登遍了全世界的高峰，三次登顶珠峰。这是为什么呢？这是我的精神生活，我的价值观念。

一个人，仅仅拥有财富，并不会带来内心的安全和安静。你会为财富所累，你会害怕一贫如洗。这一切，会让你彻底失去幸福感。

当你在全世界游走时，你看到了不同脸谱的人以不同的方式生存。你会发现你其实是个幸运儿。你会觉悟到，用财富去帮助曾像你一样困苦的人，会得到意想不到的精神满足。此刻，你就是个悟道者，你就从财富轮回到平淡，你从此就永远是平和自信的。

春天毕竟是春天，新的时代，深化改革，这是个让人兴奋的事。我们做企业的，憋足了劲要跟上这个时代。我们是受惠的一代，我们因此应该是有所担当的一代。有年轻人问我，他们还有创业的机会吗？我告诉他们，20世纪80年代改革开放，开创了社会主义市场经济体系。

　　而现在的新的改革开放的时代，带来的是社会活力无限的释放。企业家精神重新得到了尊敬。社会在转型，经济在转型，无限的机会展现在创业者面前。要拥抱互联网时代，要勇于从传统行业中跨界，找到新的突破模式、创业途径。在这个意义上，我们和所有创业者一样，都是挑战者、参与者、期待者。

　　于 2011 年 5 月 16 日 17 点 11 分在海拔 6500 米的营地帐篷写作的一首诗：

雪景与死亡

在霞光万丈的顶峰上一个美国青年得了雪盲症

太阳温暖着他然而他知道他已接近死亡

他想念他的祖国但他已无法辨清方向

他向着地狱下降因为氧气即将耗光

他努力地伸出脚一步步想回到人间

他爱亲人爱生活他才刚刚二十五岁

山鹰仰望他哀鸣响彻了山谷

雪花飘起来渐渐厚积在他的身上

他无法看清世界了所以每一步都摔倒在坚石上

他慢慢地坐下来在 8600 米的高度倾听风声

其实他已经听不见亲人的呼唤与山友的鼓励

他在快速地僵硬变成山的一种石头

在阳光划过时他摘下手套向世界挥挥手

之后他艰难而又坚定地从路绳上摘下了安全锁

他向着悬崖缓慢地飞出倒下去像一朵红色的花苞

一开放就消失在阴沉而又厚重的雪雾之中

当挣到第一笔钱，我无法衡量巨大财富对我生命的意义

1990 年 4 月，中南海里的迎春花开得灿烂如潮，一天傍晚，我坐在湖边，湖里的鱼儿三三两两地蹦跳着，几只乌龟在岸边伸着头来打量着我。看着它们，我在想，它们是幸福的、安逸的。

但是，它们的世界只是这一池春水，它们的自由也只局限于这一片湖岸之中。我呢？要走了，要从这京城红墙中走出去，走向哪里呢？走向改革开放的社会。

这样的时代是让人心潮澎湃的时代。人的心动了，屁股就坐不住了。曾经日夜梦想的京城红墙的生活突然变得索然无味。"下海"这个词在脑海里出现的频率越来越高。

坐在中南海的湖边，我在心中犹豫，七上八下。要从中南海走出去，下到市场经济的大海里，是一次天上地下的命运抉择。

但是，我已经看到了，一个伟大的时代不可阻挡地到来了。正因为在中央部门工作了 10 年，我坚信中国共产党的决心绝不

会改变。那就是，改革开放，推动民族复兴、国家富强。

这是一个让人激动的年代，也是一个万众一心的年代。我下定决心，走出这个红墙大院，把自己抛向当时不知未来的命运中。

在改革开放 40 多年之后，回顾这些年的打拼，我感慨万分。从个人的角度，我有三个方面的收获。

从"体制人"变成"新人"

美国的社会学家丹尼尔在讨论资本主义的崛起时，把企业家划到了"新人"的行列。他这么说："现代主义精神像一根主线，从 16 世纪开始贯穿了整个西方文明。它的根本含义在于：社会的基本单位不再是群体、行会、部落或城邦，它们都是逐渐让位给个人。这是西方人理想中的独立个人，他拥有自决权力，并将获得完全自由。"

随着这类"新人"的崛起，开始了对社会机构的批判（这是宗教改革的显著后果之一，它首次把个人良知尊奉为判断的源泉），对地理和社会新边疆的开拓，对欲望和能力的加倍要求，以及对自然和自我进行掌握或重造的努力。过去变得无关紧要，未来才是一切。

经济领域出现了企业家。他一旦从传统世界的归属纽带中解脱出来，便拥有自己固定的地位和摄取财富的能力。他通过改造世界来发财。货物与金钱的自由交换，个人的经济与社会流动性是他的理想。

企业家和艺术家双方有着共同的冲动力，这就是那种要寻觅新奇、再造自然、刷新意识的躁动激情。

资本主义靠"新人"企业家进入了现代社会发展进程，社会主义市场经济也呼唤着自己的"新人"企业家出现。

市场经济的本质是竞争，培养一代具有竞争能力和价值观的商人或企业家是几千年来中华民族的新鲜事，这是一个民族的补课工程。从体制内出来，下了海，在商场打拼，是一个全新的实验。

我是一个从黄河边带着梦想来到京城的人。作为一个幸运儿，从大学一毕业就在体制的顶层部门工作，这是千百万青年不敢梦想的人生机会。

但是，当我在红墙内规规矩矩地工作时，改革开放的大潮在中华民族的大地上席卷而来。那个时候，谁也不知道中国将会遇到什么。但是，人们的心都动了，因为那是这个民族前所未有的大变革。

"新人"的声音在召唤着，吸引着我加入"新人"的队伍。因为是"新人"，遇到的都是作为一个体制人所无法想象的挑战和困难。

　　为什么呢？首先，改革开放初期，社会上的寻租行为是普遍的。大量的行政权力在政府部门手里，那些"批文""指标"就是发财的机会，大家都在和权力纠缠。在这方面，胡雪岩成了一个非常晦涩的榜样。其次，从体制内出来的人一穷二白，赤手空拳打天下，自然就羡慕起胡雪岩从一个学徒做到红顶商人的奇特经历。

　　这也从另一方面说明：在中国的改革开放前期，"新人"们还没有机会建立起正确的商业价值观，这也是在改革开放后期直到现在党和国家政府大力反腐倡廉的重要起因。

　　庆幸的是，我在中央机关工作 10 年，受到了老同事、老领导的深刻影响。我所在的单位是个典型的清水衙门，是改革开放中意识形态斗争的中心。人们都在为党和民族的走向操心，都有很强的使命感和时代责任感。这种作风教育和影响了我。

　　所以，当我成为无依无靠的"新人"后，没有热衷于"官商勾结"，而是老老实实从一个学徒身份开始商业活动。那时候，用仅有的几百元钱开始印制名片、贩卖玩具娃娃、倒卖茶叶，在中关村折腾复印机、办公用品。

　　那是一个人人经商的年代，也是一个人人夜不能寐的年代。不知道什么时候能赚到钱，也不知道如何养老，天天是夜半惊梦。那些日子里，我焦虑得胸背疼痛，头皮疼得揪一根头发都如针扎。

但是，我从来没有后悔，没有再想着回到红墙后面。每当我骑着自行车路过中南海时，我都想沿着中南海绕一圈，再看看我熟悉的大门。但每当产生这个念头时，我都骂自己，你这个"笨蛋"退缩了？

现在想起来，是一个伟大的时代成就了我们这一代"新人"。因为坚持改革开放，百废待兴的中国大地上商机多了。只要你坚持，出来的人都有机会成长起来。所以，像我这样毫无概念的"新人"幸运地挺了过来。当我拿到第一块地时，我就变成了房地产开发商，第一桶金开始闪闪发光；当我进到第一个古村落时，我又成了旅游行业的"新人"，于是就有了世界文化遗产的项目；当我第一次走出国门，在冰岛投资的时候，就有了轰动性的中国人在海外投资的故事。

这一切的一切，都要感恩我赶上了一个伟大的时代，一个辉煌的年代。这也是我必须向这个辉煌的年代致敬的个人原因。

从艰苦奋斗的一代人，到国富民强的一代人

我跟这个民族一样，是从苦难中走过来的。在20世纪50年代初期，我的家庭也是政治运动的受害者。我的父亲，因为现行反革命罪在监狱自杀，我的母亲，靠着一辆板车拉土卖钱，养活我们4个孩子。

20 世纪 60 年代，我每天饿得从炕上掉到地上都爬不上去。后来，我的母亲在工地值夜班，煤气中毒去世，我成了一个孤儿。

我至今不能忘，每个礼拜我的"生活大事"是在街头等待一个邻居傍晚归来。他是一个饭馆的厨师，每次都背回来一个小布袋，里面装着剩骨头。这些骨头上没有肉，但我们这些孩子还是要抢。因为那个骨头里的骨髓是"人间美味"。

有一次，我哥哥带我去一个大车店里偷豆饼。墙很高，我哥哥和小朋友把我托起来进了马棚。我个子虽然很小，但还是因为饿，冲到马头下面，从马嘴里抢豆饼。

突然，马车夫来了，我哥哥和小伙伴蜂拥爬墙逃跑，留下了我在马肚子下发抖。马车夫本来举起手要打我，但看我大哭不止，又深深叹了口气，转身从马槽里拿了几块豆饼塞在我的手里，把我领出了马棚。

看到了我手里的豆饼，小伙伴们一拥而上全部抢光了。现在想起来，这段不堪回着的日子，已经没有苦的味道了。但是，那种苦难一直深深印刻在我心灵深处。

这是我在中央机关工作时常常独自一人坐在中南海的湖边默默思索的原因，也是我不甘心一辈子在体制内安逸度日的原因。我常想，我吃过那么多苦，受过那么多侮辱，我的命是捡来的，绝不能就这样图舒服安逸度过一生。

改革开放的大潮，给了我新的人生机会。我想，既然那么侥幸活过来了，也说明我必须再去打拼一场才是命有所值。打拼的结果，就是我有钱了。当我的第一个房地产项目挣到钱的时候，我无法衡量这种巨大的财富对我生命的意义。

虽然，我在机场宁愿等着上飞机要水喝，也不愿意花钱买瓶水，但是，财富让我从内心感觉到了安全。现在的年轻人创业是为了证明自己，为了与别人竞争，为了比别人更有钱。但我们对财富的感受却来自苦难和贫穷。一代人，就这样从艰苦奋斗的一代人成为国富民强的一代人，获得了财富意义上的自由。你可以在全世界旅行，你也可以一次次去登珠峰，还可以在夜里睡得很安稳。这是一个穷人在改革开放 40 多年中的传奇故事。为此，再过一万年也应该向这个伟大的时代致敬。

从一个"偶然成为的人"，到一个"可能成为的人"

改革开放 40 多年，最伟大的一条，不仅是社会财富的增加，还是整个社会秩序和法治的重建过程。

亚里士多德认为，一开始，人们都是一种"偶然成为的人"。他的意思是，这时候的人还没有经过道德的驯化。但他一旦认识到自身的基本本性，具有了道德意识后，他就成了"可能成为的人"了。而这种人就是拥有最好生活方式的人。

在改革开放初期，我们的商业活动，和我们作为"新人"

的介入，有着某种意义上的"原罪"。

因为市场经济具有"原罪"要素，这需要伦理和道德的引领。所以无论如何，我们这一代在改革开放中走过来的企业人士都应该继续努力，去成为一种"可能成为的人"。

现在社会的一个大的特点是道德的标准多元化。我们亟须除了法治之外，重建我们的传统文化体系。比如，儒家学说、佛教伦理。我们需要一套共同的道德标准来解释什么是对的，什么是错的；谁是好人，谁是坏蛋。这也是我们在改革开放40多年后，面临的新挑战。

在这40多年中，企业的经营者把狼性发挥到了极致。企业经营中的困难和挫折再也不能让我们屈服和退让了，这是这一代企业家的坚强性格。

我现在不会再夜半惊梦，为什么？因为再难的企业转型、再大的商业格局的变化都不能让我寝食不安，因为这40多年，我们就是从不确定的状态中走过来的。

在这40多年中作为走过来的人，回首往事，谁的内心能没有遗憾呢？做房地产的，都要经历那些艰难的项目发展过程；做旅游的，都要面对与老百姓争利或者博弈的场景。

企业的生存是残酷的，所以你不可能做天使，但是我们有责任从天性的、自然的、狼性的"偶然成为的人"的状态中摆脱出来，重建我们的商业规则，这就是从"狼性"的竞争中找到一条共同发展之路。

我们不能简单地把自己放在英雄的位置上，也不能把自己置于了不起的企业家精神的平台上，而是要勇于面对自己，要敢于说我们并不是与生俱来的时代骄子，而是改革开放 40 多年的受惠者，是这个民族的幸运儿，是国家、社会的受益者。

所以，我们要在当下的新经济时代来临的时候，在一种历史性的"清零"时刻，勇于面对未来。

把自己的一切骄傲、自满、经验和经历"清零"。从财富的追求转向精神的建构，探讨一代企业家成为"可能成为的人"的道路。

善待苦难

我们都有自己的过去，而且我们这代人的过去跟你们年轻人不一样。你们没有吃过苦，不会理解今天站在这儿的这个人为什么这么矫情。但是因为今天我在你们的眼里算是有钱、有地位、有话语权的人，所以我就有资格讲我的过去、我的苦难。因为那是一代人的记忆，那是我的苦难，也是我的财富。

我原来的名字不叫黄怒波，叫黄玉平，然而一点也不太平。因为没日没夜地哭，家里人叫我"丧门神"。因为爱尿炕，我的屁股总是被打肿。黎明，母亲去拉土，在锅里留下两个洋芋，二哥总是抢先吃得一丝不剩。寒冬腊月，我的手脚冻裂，鼻涕很多，抹在袖子上又黑又亮，刀枪不入。上小学，我是班里想当然的贼，谁丢东西，老师都会翻我的书包。同学们打队鼓，我羡慕得偷偷哭。没戴过红领巾，是我心头永远的痛。直到有一天，我骑自行车来到黄河边，一个人坐着，心里发瘆，因为黄河太宽了，波浪又不停地拍打堤岸。我想，我这一辈子要像黄河水一样，永远不怕挫折，就改名叫"黄怒波"了。

我小的时候，宁夏有个"双反"运动。我父亲脾气直，被抓起来判了3年刑。他想不通，就自杀了。那个年代，你要是现行反革命分子的家属，你就猪狗不如。我头上有个很大的疤，就是当时跟别人打架留下的。而在那时，如果我把别人打了，别人的爸爸、哥哥就来把我打一顿；如果我被人打了，回家再被我妈妈打一顿。

你们现在可能一刮风下雨，先想的是雨衣、棉衣，我想的是什么知道吗？我先想，现在是收麦子的时候，还是打场的时候。有一年，我们辛苦了一年，当我们割了几天，把麦子全部割倒的时候，一场大雨来了，整整下了7天。我们每天在地里哭。为什么哭？因为麦子长在地里不能收，芽又长出来了，一年白干了。第一，意味着没有工分了；第二，意味着我们必须吃黏麦子。麦子长芽以后是不能卖也不能给别人吃的。即便如此，仍然舍不得给牲口吃，只有我们自己吃。我这一辈子也不会忘了这一幕，我知道了每粒粮食是怎么来的。

经历过这么多以后，能够拯救我的，就是读书。我有两个世界，一个是很残忍的现实世界，一个是很梦幻的书本里的世界。后来就写诗，诗歌的世界里都美好，我向往的是美好的东西，所以才有了今天的我。后来我到中央机关上班，当年最大的梦想，就是看看北京天安门。但反过来总在想，难道我就这么活下去？我吃了那么多的苦，受了那么多的难，难道就是为了今天享受吗？我既然叫黄怒波了，必须不要过这么安逸的生活。当时我已经是机关党委委员，肯定是走仕途，但我一定要出来，经商。

经商是干什么？经商是进入了一个战场，每天你必须像狼一样，你首先得学会生存下来。当然，既然你要竞争，就要付出很多的代价，要丧失掉很多的尊严。我记得很清楚，有些人一听你是小企业，都不正眼看你。有的外宾来了，趾高气扬，觉得你们这帮中国穷小子，西装都不会穿，他手都不跟你握。所以就带着耻辱，这么一路走过来。当然，做企业要看怎么做。我很自豪的是，在做企业的时候，首先做了一个事，保护了一个世界文化遗产宏村。把一个小破村子做成世界文化遗产，它就会永远被留下来。所以我想，在做企业的过程中，如果我们想着去创造，去创新，给社会做些别人想不到、做不到的东西，这样你的精神就是坚强的。什么叫百年企业？ 100 年以后，这个宏村还在，那个楼还在。100 年以后，财富就归各个基金，归在北大，这个才是真正的企业家。

后来我觉得企业做得不错了，驾轻就熟，没什么意思，挣钱不就这么回事嘛，还得找点苦活儿干。干什么？登山。所以大概用了 20 个月，我就把七大洲的高峰、南极、北极都走完了。在 2009 年的时候，上珠峰。我本以为很容易，但是在海拔 8700 米的时候，因为各种各样的原因，我很难受，上还是下？我看珠峰就在前面，我的队友正在过第二个台阶，但是也可能我就没法活着回来，这个时候做了这个决定，下。后来下到了海拔 6500 米的一个台阶，把冰爪一脱掉，我就放声大哭了一场，谁也不吭气，不劝我。等我哭够了，我发誓我一定要回来。然后我就在 2010 年又回到了珠峰，从南坡登顶。大家以为算了吧，你别再登了，都已经登顶了，但我不，我又从北坡回去登顶。他们说为什么你这么做，我说因为失败了我再归来。我到了顶峰就想哭。每次告诉自己千万别哭，但是你会情不自禁地哭出来。到后来终于不流泪了，为什么，因为懂得了登顶是为了活着回来。

成功是什么？是为了让你活下去。我把每件事都做好，做好以后不要让它败了，可以留给别人。苦难，是人一生的财富。在你善待它的时候，你就打开了一扇通向未来的幸福之门。

学会坚持，不要看终点在哪里

——在北京大学国家发展研究院毕业典礼上的发言

我很高兴能够站在这个讲台上跟大家交流，在北大致辞很紧张，因为在北大，佼佼者无处不在。但今天大家离别的伤感，我感觉到了，也有一种得到的幸福，参半吧。其实这种感觉让我回想起，我在 2013 年第三次登顶珠峰之后，看到朝阳升起，心里很困惑。大家都认为登得越高看得越远，不是这样的。

你真登上了世界最高峰的时候，这个世界你其实什么也看不到，为什么？ 7000 多米、8000 米全是云，你只看到了茫然，这就是一种登高的困惑。很多古人的伤感的诗，都是登高之后写的。

什么道理呢？因为登高之后你会产生一种生命的困惑，对存在的疑虑。我记得朝阳升起来之后，当我看到群山的时候，出现了一个让我意想不到的念头——跳下去。我不由自主地拽住了绳子，否则我就飞身而下了。

人突然改变了自己的环境之后，你到达了最高点，你内心产生那种对于存在的疑问和恐惧。所以一个人当了首富以后，我猜想也会有一种恐惧，我没有这种恐惧。企业家追求的境界：贫而乐道，富而好礼。但这就是一个时代的东西。对于我来说，现在的伤感是什么呢？中国真正的企业家，对于企业家的概念应该是现在才有的。我们最早的商人是谁呢？我曾在衢州看南孔的家庙，南孔第七十五代传人、75 岁的一位老教授在那里等我，我们见面后讨论一个问题。

我说其实我今天是作为一个商人来拜访孔子的第七十五代后人，但是最早相伴孔夫子的就是商人子贡。那个时候经商是什么概念呢？就是后来 16 世纪欧洲经济学家讲的企业家概念，他把这个工人、艺术家、农民、商人，都算作企业家。

为什么呢？这个企业家的意思是你确定一个价格，把东西买来，再以不确定的价格卖出去。子贡做的事就是这样的，因为他后来又拼命向孔子学习，学的不是挣钱的方法，而是一个做人的道理。

子贡有一天问孔子，说我现在已经做到了"贫而无谄，富而不骄"，我是不是很好了？孔子想了半天告诉他，这还不够，你还要做到贫而乐道，富而好礼。这个就是真正的儒商。

我们现在有多少人做得到？包括我在内。我们仅仅能够做到富而不骄，这就很了不起了。

所谓的第一代企业家就是我们这个"92派"。中国就是这样打开了一扇门，像我这样的人，社会重新给了无限的可能性，创造了从来没有过的机遇，塑造企业家精神。

曾经我们6月份过生日的一批企业家，包括柳传志、刘永好，我们集体过生日，生日聚会时来了很多人。但我发现了一个问题，大家谈的都是往事，都谈论得到了什么。刘永好特别自豪，说："太感谢这个时代了，要不然我就是个养猪的，我们现在得到的远远超过我们当年期望的。"我当年在黄河边上的时候，想有钱之后怎么办，第一个念头是买一堆苹果，想什么时候吃就什么时候吃。

但现在想想这一代人真是，没有谈论财富，而是讨论我得到了什么，得到的是一种精神，一种文化，一种存在感。这个特别了不起，就是一批商人到企业家，从企业家又找到了内在的精神。这个财富太了不起了。不管是成是败，活80岁还是60岁，他特别充实，因为他感谢这个时代，他觉得没有被这个时代落下。

所以在这个意义上，我有些伤感。下个时代是年轻人的。再给我30年多好，我要好好跟你们打拼。当然也祝福你们，你们很幸福，能够从北大国家发展研究院走向世界。

我简单讲讲，我今天的主题是登顶为了活着回来，人是为了活得精彩。简单讲讲谁是马洛里。马洛里是个英国教师，很儒雅。1924年他第二次来到了珠峰，6月8日他消失在8500米北坡，到底登顶了没有，不知道。1953年希腊人突破了第三级，获得了无上的荣誉。1996年在珠峰的北坡8200米终于发现了马洛里，他极有可能是从8700米滑坠点滑下去的，然后他在那里趴了快100年了，他像睡着了一样，半边头被埋在石头里，肌肉特别清晰。

　　现在马洛里成了什么呢？成了一个信仰，我们每个人都梦想着成为马洛里，就是说我们不怕死。后来我在想，为什么要登顶？真的想成为马洛里吗？不是。因为每个人都知道登顶是为了活着回来，如果死在上面就没有成功，登顶只是完成了1/3，这是我几次登顶的感受。

　　但是为什么要登顶？企业家精神是什么？张维迎教授讲的："挑战不平衡，创造不平衡。"熊彼特讲的："破坏性创新。"企业家挑战的就是不确定性。我知道不一定能活着回来，这让我着迷，我一定要活着回来，这是挑战。所以3次登珠峰，第一次就失败，我2009年在8700米，死了一个队友，伤了一个队友，为了帮那个受伤的队友，手都冻僵了，舍不得放弃。

　　我人生跨越最大的两个地方，第一，从中央机关出来，就是不做官，现在获得了自由。前几天有一个记者问我今天星期几（我不太清楚），他说你太幸福了，你居然可以不知道星期几。是的，我是商人，我可以掌握自己的时间和思想，如果我是官员就不行，我不想做贪官，这挺困难的。所以在这个意义上我获得了自己的自由，所以庆幸从中央机关出来。

第二，从珠峰的北坡放弃。2011年我从北坡再回去，我说因为失败，我才回来。因为2009年我从8700米失败了，我发誓一定会回来，我就回来了。到了2013年的时候为什么再回去？因为2012年下山了，看到大家天天争碗里锅里的东西，觉得人生不应是这样的。就想念那种孤独，最关键的是想让自己吃饱后不贪图享受。

企业做到后面的时候，你是富豪了，你有话语权了，你可以享受了，这是当下道德的挑战。你们今天"走出去"，成功的概率我认为只有5%，失败的概率要大于成功的概率，这就是企业。为什么你还要做呢？就是因为你不要被落下，你要活得精彩。

所以最后登山就变成精神信仰了，现在经商也是精神信仰，因为它要证明我的存在，即便失败，也可以证明我没有被这个时代落下，所以登顶是为了活着回来，人生是为了活得精彩。

北大人是有信仰的，在这个意义上我们需要思考北大人的责任。从这个商学院走出去以后，我们能不能创立新的价值伦理。

我去德国旅行的时候，有一座教堂有2000年历史了。教堂有两扇门，左边一扇门三幅画，从上到下。第一幅画，在伊甸园里亚当夏娃偷吃禁果；第二幅画，来到人间；第三幅画，到了人间受苦。第二扇门，从下往上看，第一幅画，他们到了人间吃尽了苦，然后开始悔悟，天堂多好，上帝对我多好，为什么要背叛呢？第二幅画，他们修行；第三幅画，他们与上帝和解。

这是什么意思呢？人间是苦的，上帝罚你到人间是吃苦的，我们都在人间。佛教里也讲，人生是苦。海德格尔、叔本华都讲，世界是荒谬的，人生是痛苦的。这些苦不是消极的，是让你认识到你有很多问题，你要经得住诱惑，你要修行，每个人都能成佛，都能回到上帝那儿跟上帝和解。在这个意义上我们这样理解"这个世界是荒谬的，人生是痛苦的"，它有积极意义。所以我们北大国发院的学生主要的任务就是吃苦，不要想着享福，你的人生一切问题就简单了。

最后，每个人都在感伤，都在回顾。我们现在有一种回潮，35 年的回顾，中国企业家俱乐部有 47 个企业家，每个人都在回顾，这 35 年究竟怎么过来的？国际上也在问。这是我们北大国发院应该做的课题。我们走到今天，有哪些问题？

我现在自豪在哪儿？第一个很自豪的，我是世界上唯一一个把北京大学的校旗举遍了七大洲，包括南极和北极的人，可能 10 年内有人会超越我。我登上了七大洲高峰，我在海拔8500 米写诗，在每座高峰摘下氧气面罩，朗诵我自己的诗歌，这点也很自豪，作为北大人留下历史的痕迹。

第二个很自豪的，我做不了首富，但是贡献了世界文化遗产。世界文化遗产宏村，我把它保护起来，2001 年申请世界文化遗产，千年以后宏村依然有我的名字，是我保护起来的，是我使宏村成为文化遗产的，而且是北大人做的。

所以我想作为北大人，首先，我没有被时代落下。没有贪图享受，该吃的苦都吃了，做企业永远都面临着转型，我们做企业家的宿命，就是吃苦。我特别喜欢佛和上帝的话——"我罚你到人间去"，我现在甘愿在人间吃苦。其次，绝不放弃。每次登山，每次都想放弃，我最后给自己的任务就是多走一步，不要抬头，看看我在哪一步走不动了，就是这样只看脚下。一步一步，我走一步就是胜利。

所以给大家一句话：学会坚持，不要看终点在哪里，你走了，终会到达终点。再就是要承认自己的不足，懂得放弃的人是最成熟的，你放弃了你还有无限的机会。

大家以后会遇到挫折，会失败，但是就把你的人生当作一个试错的人生，你是北大人，你有担当，你有责任，你就是要精彩，最后不管你成功还是失败，你的人生都是精彩的。

最后，祝福你们，很羡慕你们赶上一个新的好时代。最羡慕你们有这么一大批这么优秀的教授。祝福你们拥有着精彩而幸运的人生。最后赠大家一句话，就是我喜欢的海明威的一句话——人可以被杀死，不能被打败。

生命的所在：第一要感恩，
第二要跟命运抗争

我这样从底层上来的人，很珍惜这个时代。我不能做到，有钱了、做了官了，就安安稳稳地活着，我觉得这是个耻辱。因为我经历过那么多苦，所以我老觉得要给我死去的父母争口气，要不停地打拼，这是我人生的座右铭。

对我来说，我把每个机会都抓住了，比如说插队，我一个人拿了条被子，坐拉煤车就到了农村了，到农村改变命运，为什么，当时我是下乡反革命分子子女，学校每个星期一开批斗会，必然得把我拉上去批斗。

我13岁就在《宁夏日报》发表一组诗歌，然后学校激动地搞学雷锋展览，他们把我的名字抠掉，因为我出身不好嘛。但农村老百姓对我好，那农民穷得都没有鞋，脚后跟冬天冻得裂开，拿大号缝衣针把它缝住，但是他们说这个娃好，我干活也卖力，所以老百姓很善良。下去以后不到 3 个月，我就入团了，入团那天就被选为团支部书记。后来不到 5 个月，让我当大队会计，那时候，结婚要开证明，卖木材指标、缝纫机指标，都要找我，为什么让我干呢，他们觉得这个娃不会有问题，大队的油房什么的都归我管。

在乡下，我充分感到人间的温暖，我在家家户户吃过饭，因为家穷。现在我真后悔那时不懂事。一去了，他们就等着拿鸡下的蛋，来弄个饼给我吃，家里的一群孩子在门口守着。所以，我现在回去，要去家家户户走走，他们都知道黄会计。为什么呢，我欠他们的。我就给他们建了个幼儿园，那个幼儿园是当时整个公社最好的，是甲级幼儿园。我让他们的后代全都能享受到。

生命的所在，就是第一要感恩，第二要跟命运抗争。我上了北大，1979 年我爸爸才平反，说他无罪，不是现行反革命，但他已经死在监狱，给了 8000 元钱，我分到了 2000 元钱。我每天看着钱流泪，为什么呢？因为感觉那是我爸爸的血呀。所以就是活一天都不浪费，打拼，人永远要跟命运抗争，不要去顺从它。海明威有句话是对的，人可以被毁灭，不能被打败，所以我从小喜欢海明威。对现在年轻人来说，你可以躺平，但你要打拼的话，你一定会有收获。

我登过那么多的山，珠峰登上 3 次，现在回想起来，其实觉得自己挺了不起的，因为每次都是那么辛苦，但是这变成我的精神财富。

在中央机关待了这么多年，知道中国要发生大变化，我们"92派"都是从机关出来的，比别人敏感，看到了除了做官以外的，人生的新的东西，所以那个时候动了下海的心。

出来以后我其实特别困惑，落差很大，就是社会上你原来享受的那些都没了，根本不懂什么叫做企业，但是从来没后悔过，阴差阳错的，贡献了个世界文化遗产。

数字化时代，是又一个新的机会，所以在这个意义上，如果现在谁跟不上数字化，没有数字化素养，那么这次真的一大批人要被这时代淘汰掉了。

所以，对年轻人来说，这个时代你做什么都行，也不一定非创业，你搞写作也行，写作也是创业，你愿意做公务员也可以，你好好做，不要贪腐，你能把这个官场的风气搞好也行，但是最关键就是年轻人要抓住这个时代。对这一代年轻人来说，一定要意识到数字经济时代是又一个创业的黄金时代。人一定要读书，要读两类书，一个读工具类的，比如说要补课，什么叫元宇宙，什么叫数字经济区块链。这个对我这样的人来说是工具性的，因为我不是研究它的，但是作为一个数字经济当中的工具，你要会使用它。假如你做比特币，也是对这个新金融模式的亲身体验，再一个就是知识性的。

求知欲决定你人生的广度。现在这个互联网时代，我用iPad读书比过去读书就快得多了，所以在这个意义上，一个人要读有用之书，要跟得上时代，还要读无用之书，解决自身的素养问题。

这个碎片化时代，现代人生活的节奏太快了，要拿出一部分时间来独立思考。每次登山回来，比如去南极一趟来回一个多月，就是一次精神洗礼，我又悟出新的道理，我又知道我想干什么，我觉得人对知识的追求应该是积极的。

还是尽量少打一点游戏多读一点书，因为这个决定你人生未来的长度和宽度，否则，有一天你一定会后悔浪费掉了那么多时间，一个人最痛苦的就是突然发现我怎么这么多年白干了。我自己最大的开心，是我哪个也没落下，获得了人生最大的财富。

诗与山

在地狱里唱歌

我读《福布斯咒语》读得特别辛苦，它让我又一次下到了地狱。上一次下地狱是看阎连科的《风雅颂》，是写知识分子的，龌龊至极，把人性写到了极端低下，让我心怀愤怒与不齿。这一次写的是商界、政界。

首先，作者讲故事的能力极强，直接一改就是一个很棒的电影剧本。至于情绪呢，是当下最时髦和最讨好的，那就是骂官员、臭开发商以及为国企高管添丑画像。实际上，作者站在了一个道德审判的高度，手握起了当下时髦的生死判令。

小说写得很真。各种各样的情节我都见过也听过，然而我还是看到了时代的功利。比如，小说的主人公，我从商人的角度，认定他是社会精英。他依靠自己的双手和智慧，历经磨难，为社会创造财富、为政府创造税收、为人们提供就业、为城市进步做贡献。就算是哪天他一时糊涂犯了错误、出了岔，也不能否认他对社会尽过的责任。如果真像小说所写的，每个人都在地狱里，那我们这个年代就该是民族史上最肮脏的年代。

我是一个房地产商，我的痛苦和煎熬、心路历程是没有办法讲出来的。因为在这个利益多重化的时代，这个行业被贴上了标签。因为拥有财富而被仇视，因为登上福布斯榜而被痛恨，这是一种特殊现象——这个行业是中国经济唯一全面向民营企业开放的行业。十几年来，为中国经济的突飞猛进和城市化建设起到了不可估量的推动作用。

在第一次世界大战之后，著名诗人艾略特写出了《荒原》，表达了对一个时代的失望和慌张。在第二次世界大战之后，金斯堡写出了《嚎叫》，表现了时代的肮脏和极度的不满。但是，他们所描写的不是简单的阶级仇恨，而是对时代的考问。他们没有相信有天堂，但也没有告诉我们有地狱。这是跟阅读《福布斯咒语》时产生的对比。

我也想给这个时代画像，我想我笔下的房地产商企业家应该是这样的形象：他们聪明而又狡诈、激情而又保守、自恋而又孤独、多情而又脆弱、低下而又高贵、贪婪而又怯懦，但是他们都是超越了自我的生存者、创造者，是一个时代的精英人物，其实也是每个青年都想成为的那种人物。这么说吧，我们批判一个时代不是为了毁灭它，我们诅咒一类人时，也不需要把他们都妖魔化。在人性这个意义上，我们是不是宁可去宣扬和主张它的善良以及它的无奈。

　　作为房地产商以及福布斯榜上人物，感谢王刚出神入化之笔，让我看到了我们丑陋的一面、低下的一面以及无奈的一面。但是，作为一个时代的受益者，我也要说，感谢王刚，我们可以歌唱光明和希望。从知识分子和文人的一面呢，我们宁愿把《福布斯咒语》看作在地狱里唱歌。当然了，幸亏地狱只是一种想象。

匹夫与诗人

社会之大，除了经商以外，行业繁多，众星闪烁。隔岸相望，会觉得光怪陆离，是另一个世界。比如诗人吧，从来都是人人都知道，却又都真的不知道的一个群体。

真正的诗人真的是很优秀的民族成员。中国古代的诗歌，那是我们骄傲了多少辈子的财富。但实际上，中国当代的新诗孕育着一种突破性的能量。如果说，中国的企业家直接受惠于国家 40 多年的政治稳定、国泰民安、经济迅猛发展的大潮，那么中国当代诗人也同样受惠于社会的宽松、文化的繁荣以及国家地位的提升。

2006 年，由中坤出资设立了帕米尔诗歌基金会，支持了不少国际诗歌交流活动。那种交流，让我看到了中国当代诗歌的功力和底蕴。按照术语来说，张力很大，冲击力很强，语言的把握很精准。

透视中国的当代诗歌，不论是知识分子写作，还是草根写作，都反映出中国当代社会的种种张力。首都师范大学的吴思敬教授与我去韩国交流时，他演讲的题目是《面向底层：世纪初诗歌的一种走向》。他论述了中国社会发展中，诗人们对社会底层的关注和对弱势群体的人文关怀，这是很有意思的事。从这一点上，说明了中国的诗人还是入世的。当时，我演讲的题目是《全球化语境下的中国新诗再反思》。我的观点是，中国的新诗从五四时期一诞生，就是反传统文化的，那是政治的需要。到了 20 世纪 80 年代，社会精神文化的解放、政治的自由宽松，导致整体的社会反思又全盘"西化"，诗歌界兴起的是朦胧诗。这也是脱离了母语和本土的欧美诗歌复制。这两者是什么呢？都是对自己文化所依赖的历史、政治背景的反思。但是，经过 40 多年的发展，中国真的强盛了，虽然不是全面强盛。企业界正在经历一个全球化的过程。再过 20 年，在国际上必将有中国企业界的强大声誉。那么诗人呢？再过 20 年，我相信中国诗歌一定会是世界诗歌界最繁荣的部分。

做企业的如此议论诗歌的意义，在于一个民族的进步、一个社会的进步，应该是全方位受益的。其中最为重要的是，在经济社会极度发达时，要考虑的是公平和正义。也就是说，社会各个阶层都要真正受益，我们的企业、我们商人才是安全的。但是，更重要的是，文化的高度发达，是从深层次解决社会冲突和矛盾的"消炎药""舒缓剂"。也就是说，企业不能不关心文化。大家都应该尽可能地去支持它、了解它，都力求真正变得有文化。

读一读诗，读一读各种风格的诗，细心的商人会发现这个社会是如何躁动的。因为你在日常的经济生活中，只看到了弱势群体、利益对抗阶层的生活状态和愤懑，但是你无法真正了解在一个群体当中酝酿的抑郁、不满和愤怒的心理宣泄的危险。所以，作为一个商人，我越来越觉得，观察诗人们的思想和行为是有意义的。我想知道他们看到了多少底层的东西，他们找到了社会发展中最美好的和最丑恶的东西的程度。作为一个诗人，我会不自觉的习惯用异样的眼光打量这个社会，打量我的谈判对手、合作伙伴，每次都想找出他们和包括我在内的商人们心灵中的人性部分。开个玩笑，没有比这再怪异、再有意思的角色换位了。

我知道，中国当下的许许多多的企业家实际上都具有诗人、文人情结。那么，我想我们是不是可以作为一种新的群体，来仔细地用企业之外的眼光观察这个社会和我们自己。从而，在一个新的社会发展中去弥补我们作为商人、企业家所破坏的，或者说所无能为力的事。能不能说，这也是 21 世纪中国企业家的一种另类社会介入？

读书是个解压的好办法

我是一个忠实的读者，这里特指的是书籍的读者。仔细想来，这源于我对书籍的迷信与忠诚。压力大了，读书是个解压的好办法。我想谈谈读过的 4 本书。

英国人彼得·沃森的《20 世纪思想史》(上海译文出版社)是一部鸿篇巨制。作者用了 18 年的时间完成这部著作，信息量巨大，具有无所不包的百科全书特色。翻译得也非常好。读来有几个感受：一是我们刚刚经历过的 20 世纪是人类发展史上最悲惨的世纪，发生了两次世界大战以及种种可怕的灾难、恐怖事件，尤其是核装置的产生和使用。在这个问题上，它让我想到了这样一个结论：人类最终会毁灭自己。

随着人类的科技进步，人类的残忍程度加倍提高，残杀手段成本也越来越低。相应地，人类的道德约束越来越低下。比如，当下的美国俨然一个黑道老大形象，想打谁就打谁、想杀谁就杀谁，谁也拿它无可奈何。如果说，20 世纪的美国牛仔只是在西部驰骋的话，21 世纪的美国牛仔已经在宇宙的范围内作恶。因为科技进步了。

在这部书里，作者大谈特谈欧洲思想史，言下之意，欧洲乃是人类现代思想的发源、繁衍地。然而最近，大家都看得到西方文化的虚伪性、伪善性、伪道德性。所谓的绅士风度、贵族气质一扫而空。他们丧失了那种所谓的温文尔雅、所谓的雍容大度的形象，站在了盗贼的一面。这个盗贼，是他们的媒体，他们偷盗了事实的真相和人类的良知。实际上，回头看《20 世纪思想史》，无不贯穿着一种自傲、优越，尤其是种族优越的观点。带有普世的野心和态度。但是不可否认，这本书也反映了人类的文化精华。我们看到一个个各类学科的巨星在人类的天空上闪耀。在这种星光的照耀下，我一方面松了一口气，因为我终于看到大众感受到了西方文化的虚伪一面；另一方面，我感觉到痛心，因为看到人类是如此狭隘。这种狭隘的结局是共同死亡。

另外一本书是英国作者约翰·鲍克所著的《神之简史》（生活·读书·新知三联书店），副书名是"人类对终极真理的寻求"。这本书写得很棒。它主要探究了印度的宗教、亚洲的各类宗教以及中东和地中海世界的原初宗教。它从神如何出现在人的想象和体验中讲到了宗教的来源和在不同的民族当中的传播过程。这有助于我们理解一个多元的世界中存在的多元宗教文化现象。从此我们也可以看出当下的人类的狭隘。原本没有神，我们创造了神。然后我们相信真的有神，然后又以神的名义去斗争、去杀戮。我真希望那些宗教狂热者能够回到宗教的起点上来，保持一种心灵上的平静，互相尊重，世界和谐。从这个道理看，我们做企业的，实际上也在走一条造神的道路。40多年改革开放，有一批创业者，现在都是各个行业的大腕，变成了各个企业的神，乃至行业的神。既然是神，那就名垂千古，有着不败金身。昨天发了财，明天后天会发更大的财，攻无不克、战无不胜。结局呢，终有一天神像坍塌。在这个意义上，我们一定要心存禁忌，避免走到这个地步。

第三本书还是英国人写的，作者爱德华·卢斯，书名是《不顾诸神：现代印度的奇怪崛起》（中信出版社）。说实话，多年以来，我对印度的印象一是泰戈尔，二是拉兹。现在突然发现，我们有着一个如此庞大的邻居。这本书的好处在于它很真实又很不真实地向我们描述了当下的印度社会的种种情况。读后，我的看法是，我们的邻居和我们一样历史悠久，充满了希望和活力，在和我们同行。但是，也存在大量的麻烦和不确定性。在这个意义上，我作为中国人，看完这本书后，有两个感受：一是感觉到强大的压力，也感受到了一种竞争的兴奋；二是感受到亚洲是有分量的。这分量首先来自亚洲文化积淀的深厚，其次源自亚洲的活力。不光有中国一枝独秀，加上印度并蒂盛开。所以我想大家应该读读这本书。

第四本书是美国人哈罗德·布鲁姆写的《影响的焦虑：一种诗歌理论》（江苏教育出版社）。这本书属于炒冷饭的，因为20世纪80年代就在中国出版过。它从精神分析学的角度研究了诗人对诗人的影响。作者认为经典树立起了一个不可企及的高度，诗的历史形成乃是一代代诗人误读各自前驱的结果。这个理论很有意思。这本书的影响很大。虽然谈的是诗歌，但它的那种诗的误读理论所阐述的传统影响所引发的焦虑感，让我产生了对诗歌以外的联想。比如，我们对宏观调控，作为企业是不是误读、会不会误读，将会决定企业的生死。我们对于所谓传统的现代西方管理学著作思想存在不存在误读、过于神化？次贷危机的出现导致许多百年企业的灾难。我们不禁要问，那些被奉为圣经的西方管理学原则怎么显得毫无作用？我们将以什么样的管理思想来进行我们的公司治理？实际上，所有的西方管理学著作都回避或者说偷换了一个概念，那就是市场经济当中随财富而增长的人类的贪婪。法律、道德、制度都无法抑制这种人类的贪婪，拿股市来说，应该是所有的人都认为自己一定大发其财。这种贪婪性，导致了灾难。这是对财富的一种误读。所有人都以为政府必须确保自己挣钱，都以为赔的不是自己，而是他人。
这是对市场的误读、对政府的误读。

　　至于诗人们，对诗歌文本的误读可能是有好处的。它会带
来意想不到的方向和创作突破。也许我这观点也算是一种误读。

师道尊严

对老师的回忆其实就是一首诗，有时候是一种红色的欢乐，有时候是一种蓝色的忧郁。欢乐，是因为我们受益甚多，那是我们最纯真最理想的日子；忧郁，是因为我们被社会改造得越来越复杂，越来越世俗，越来越不像个诗人了。

所以，与其说我们在怀念老师，回忆师生之情，不如说我们在进行心灵洗涤。

"师道尊严"是一句被批判了许多年的话。

在那个年代，人们不得不从反面的角度评论师道。要打破的是一种被认为过时的、传统的、落后的社会秩序。然而，几乎所有的人，都不能逃脱内心中流淌和酝酿的师道尊严之情绪。这就是中国文化。

在我的心中，自然也有着难忘的师生情结。从小学、中学到大学，以至于读过的中欧国际工商学院，不同的师道、不同的老师给我留下了不同的印象，在我的心灵中刻下了不同的印迹。

最难忘的是谢冕老师。因我自幼爱诗，所以自幼就有一个梦想，那就是长大之后能到北京大学中文系文学专业读书。这个梦想致使我对文学有了偏执的热爱，对阅读和写作有着无法割舍的情结。

如今，都市的人大多是有文化的，从经济上说，应被归入当下时髦的中产阶级，也就是说生活得不错，不属于弱势群体。文化、知识，自然不是娘胎里带来的，肯定是老师教的。可以这么说，提起"老师"这个词，我们的心灵肯定会涌出一种无法言传的神圣感、尊严感，这种感觉会贯穿我们的一生。比如，我们回忆童年、小学、中学、大学，或者再往上，必然清晰地浮现不同阶段的老师的容颜，到老了时，那可以说是一种回忆的财富，打发时光的经典了。

从这个意义上来看，老师的形象实际上构成了我们个人的生活场景、价值观念的主干，由此推论，师道尊严。

在这之中，我选定谢冕老师专一回忆。他可是中国诗歌界的泰斗级人物，至今创作活跃，贡献不断，对众多弟子依旧是春雨润物，诲人不倦。而我呢，恰恰是因为写诗论词，当年受教于他，眼下，又继续深交，受益匪浅。

谢冕老师身材是不高的，年龄不算大也不算小。说他不大的意思是，他至今秉性不改，极度乐观和开朗，是个典型的诗人老头儿。20世纪70年代，上他的课，我对他的印象极为深刻。那时，北大中文系文学专业教师中一大批才子，性格各异，各有千秋。比如，上袁行霈老师的课，是一种国学意义上的美学享受，袁老师温润儒雅，沉静有致，授课时徐徐道来，渐入佳境，整个课堂师生心无杂念，一派足以令当今世人感动落泪的肃穆的治学气氛。最绝妙的是，袁老师一手板书写得让人陶醉，龙飞凤舞，行云流水，每堂课我都悔恨地、惭愧地不断出现把自己的手剁了的幻念。因为少年不幸，我的字写得自己轻易都认不出来。其他如袁良俊等一批才子级青年教师，侃侃而谈，从容不迫，构成了当年北大中文系的一道知识风景线。

　　谢冕老师的课另有特色。我之所以对他的课情有独钟，是因为诗歌。谢冕老师大概前三世都是诗人，因为，只要他踏入课堂，整个课堂就是诗歌的圣殿。一堂课下来，他的激情总在90℃以上，他的情绪始终是热烈、明亮的。我最喜欢的是他在吟诵诗歌的同时，还伴以真诚的肢体语言及丰富的面部表情。那时你会感到，他这个人就是一首美妙绝伦的诗。

　　上他的课，要早些去，否则大教室里连台阶上都坐满了人。但坐在前排的学生一般要当心，因为谢冕老师动情之时，他的唾沫会不小心随美妙的诗句飞散。如今想来，开个玩笑，我也算承受了谢冕老师的雨露之恩吧。

　　有一次，诗歌作品分析课，谢冕老师挑出文学社创作的一些诗歌点评，整整两节课，点评得精彩万分。在座的作者也就是同学无不面放金光，得意扬扬。我的心十分酸楚地怦怦在跳。要下课时，谢冕老师突然声调又高了几度，像在森林里采蘑菇，临了突然发现了一棵人参似的，扬眉一笑说，还有一个同学的诗也值得一读，那时他看着我，点出了我的名字。之后，他简明扼要地点评了我诗作中的精华与问题。那是我一生难忘的一次经历，被自己一直尊敬爱戴的老师当众表扬，那可是那个年代的莫大荣誉。这无疑是我一生的精神财富，因为他鼓励了我，肯定了我。自此，我的诗歌创作再没放下。

　　一般人与老师的关系是一种回忆的关系，就是说，当你离开学校后，往往或者像一只翅膀硬了的鸟，飞向了远方，再不归巢；或者像一个探索世界、闯荡江湖的浪子，再不回首。但是，我对谢冕老师却不仅仅是一种回忆的感觉，现在我比大多数人有幸的是，还是因为诗歌，我有机会继续受教于先生。

　　大学毕业后，我先是在中央机关工作，后到中国市长协会工作，再后来，阴差阳错，"不幸"为商，做了老板。严格地讲，在做企业的过程中，北大在我身上印下的文化印迹从未消失。

　　人们经常评论我是儒商，我宁可说我其实是一个诗商。因为诗歌的美好，诗一样的追求，是让一个人从世俗中避免世俗的最良方案。

话是这么说，其实自大学毕业以后，我写诗虽没停歇，但与诗歌界，或者说与我尊敬的谢冕等北大老师也一别20多年。其间我曾经给谢冕老师写过信，寄过我的诗歌，用意是请他老人家看看我是否长进，也测验一下他记不记得我。结果，泥牛入海无消息。

写诗的人做了商人，半浪漫半"奸诈"地把企业做大了，有了钱，诗也写得从容了。2003年，腰包鼓鼓地编辑出版了我的第三本诗集《落英集》，财大气粗，人高胆壮，我的手下一帮人认认真真、轰轰烈烈地举办了一次《落英集》出版及座谈会。蒙中国诗歌学会和《人民文学》杂志社抬举，张同吾、雷抒雁、韩作荣、周明、叶延滨，还有我的领导陶斯亮莅临。之前，我强烈要求和希望我的老师谢冕及其他老师到来，令我喜出望外的是，谢冕老师和我尊敬的孙玉石老师还真屈尊到来。特别让我感动的是，他们认真阅读了我的诗集，还准备了点评稿。时隔20多年，师生相见，还是在诗的场合，我感慨万千，眼睛一直是湿润的。

自此，我们恢复了联系。我的老师白发苍苍，但依旧痴情于中国当代诗歌事业，两袖清风，风采依旧；而我呢，锦衣玉食，豪车达贵，不免心中歉疚。那时我感到，我不但亏欠我的老师，还亏欠中国的诗歌和中国的文化。

因为这样的场景，我的心灵发生了巨大的变化。诗人的良知，北大关怀社会关怀民生的传统激荡着我的心。本来，在官场打磨，在商界厮混，我已经变得麻木了，企业的生存和利益占据了我的人生。我们以为我们有文化，其实早已把它尘封在记忆中了。这是以我为代表的一批在中国改革大潮中幸运而生的商人们、企业家们的文化悲哀。在我们是文人时，我们歌颂的是真善美，我们贴近民众，愤世嫉俗。做了商人和企业家后，谈论的是与对手竞争和管理他人，追求的是利润和企业规模。我们实际上已作为一个利益阶层生存在社会中。我们在物质、社会话语权上已遥遥超过了我们当年的老师们。但是我们不去碰文化，不去论人生，不去谈诗歌，也就看不到我们财富以外的疾苦。

心灵的变化让我顿悟，我作出了向中国诗歌界捐赠 3000 万元人民币的决定。其中 1000 万元用于支持谢冕、孙玉石、洪子诚、张剑福几位老师以及年轻诗人、教授臧棣，姜涛等成立北京大学诗歌中心和北京大学新诗研究所，以推动中国当代诗歌的研究和整理；另 1000 万元捐赠给中国诗歌学会，由张同吾牵头，用于解决中国诗歌界的经济困难；还用 1000 万元成立了中坤帕米尔诗歌基金会，由唐晓渡、西川牵头进行诗歌界的民间交流和国际活动。

时至今日，钱按时使用，诗歌活动越来越多，大家都夸我的义举。但我心里明白，我是在还心灵的债。这 3000 万元对中国诗歌界来讲，是商人的捐赠，也是诗人的回馈，最重要的是，是学生对老师的报恩，是告诉像谢冕老师一样的千千万万个老师，你们的播种都是会收获的。

自此，我与谢冕老师隔三岔五在一起，参加各种活动或研讨会，还请谢冕老师到我们管理的景区——南疆喀什地区参加了诗歌活动。谢冕老师依旧是心情极好，只要他在场，大家都是快乐坦诚的。我知道曾有关于他的诗歌观点的争论，但在今天，人们给予他的是普遍的尊敬。

如今与谢冕老师相处，我只担心一件事，就是他的胃口。他的牙不是很好，但是他的食量惊人。我和他坐在一张饭桌上，经常十分忐忑不安地劝他少吃些。比如在库车的果园里，谢冕老师该跳舞时跳舞，新疆舞的韵味还挺足，乐坏了美丽的新疆姑娘。吃肉时，他举起近半斤的红柳枝穿烤的羊肉串，一眨眼消灭一串，又去拿第二串，吓得我魂飞魄散，要知道，我近 1.90 米的个子，连半串也吃不下。

论起喝酒，谢冕老师来者不拒。你若不敬，他就自己喝，喝到满面红光时，像个神仙，帅极了！

此外，最让我感动的是，谢冕老师是世界上最坚强的男人。在几年的交往中，我们重要的会议、活动，谢冕老师基本不落。但我们并不知道，其间，他的儿子身患疾病，最后白发人送黑发人。其实他的内心非常痛苦，但是他从来没有让我感到他的痛苦。我想，他是不想让我们为他担忧，要独自承担人间重负。多么好的老师！多么坚强的男人！这才是真正的中国诗人！

对老师的回忆其实就是一首诗，有时候是一种红色的欢乐，有时候是一种蓝色的忧郁。欢乐，是因为我们受益甚多，那是我们最纯真最理想的日子；忧郁，是因为我们被社会改造得越来越复杂，越来越世俗，越来越不像个诗人了。

所以，与其说我们在怀念老师，回忆师生之情，不如说我们在进行心灵洗涤。在一个新的世纪，去追求一个诗一样的完美人生。

这篇回忆文章杂乱无序，但贯穿着深深的感恩之心、感激之情，有一种反思和忏悔的情绪。如果我们始终能在人生中如此回忆，那么，我们的老师们得到的将是世界上最珍贵的回报。师道尊严！

诗歌和诗人们的一次洗礼

2020年初春的中国，下了一场悲情的雪。

恶疾如地狱中的飞沙走石，撕心裂肺，摧花折柳。

长歌当哭。全国的诗人落笔哭春，向那些抵挡在死亡前线的白衣天使致敬，歌颂英雄们的高尚心灵。

短短的日子里，中国诗歌学会收到近2000封邮件，4000首诗歌作品。《有的人活着》这首诗，一经推出，已有122万人阅读分享。由《人民日报》等新闻媒体推出的这首诗的朗诵版，反响强烈，收听量超过50万人次。一批优秀的朗诵艺术家主动为诗人们的作品配乐朗诵，为武汉加油，这些有情有义的声音增强了人们战胜疫魔的信心。

首师大附小五年级的学生魏逸航在他的诗句中坚信"逆行者，一定赢"！当他向着遥远的武汉轻呼"我们不管你是天使还是战士 / 请接受我 / 一个少先队员的敬礼！"时，我们的双眼怎能不湿润呢？浙江诗人汪啸波写了一首哭泣的诗，在诗中，他悲痛地倾诉："在这个寒冷的元宵夜 / 我为一位陌生人哭泣 / 他不是英雄 / 也不是伟人 / 他只是一个平凡的医生。"这是一首诗的挽联，清白、纯洁。发自心底的哭泣，是对生命崇高的审美。"此刻，诗是该掩面一哭，还是冲天一怒？我假若还有些许风骨，就该凛然登高一呼！"诗人李松涛在大悲之中，以血性的诗句仰天发问，表达了诗人对于一场突如其来的灾难的反思。在新时代，诗人依然是手无缚鸡之力。但如果心怀大爱，手中就握着一支如椽巨笔。在笔尖直抵人的灵魂深处时，一句句普通的诗句直接描绘出民族的风骨、时代的脊梁。

"你已死在过深的怨愤里了吗？/ 死？不，不，我还活着——/ 请给我以火，给我以火！"这句钢筋铁骨般的诗，是艾青先生创作于1937年的《煤的对话》的结尾。我们重读它时，怎能不为一个民族的战士在民族的灾难时刻决心以生命之火去争取自由和光明呐喊而动容呢？在中华民族的诗歌史上，永远璀璨而神圣的那些诗人都是时代的在场者。李杜精神的传承，就是中华民族的基因传承。今天，大众之所以对当下的诗歌写作者有所诟病，就是因为许多诗人从中国现实主义的诗歌课堂上逃学了。结果，以日常生活审美化为荣，在一个崭新的时代整天哭哭啼啼，自怨自艾，自暴自弃，撒娇耍横。所以，面对重大历史课题和事件，如果失去了审美能力，写诗就是无效的。

"在奥斯威辛之后，写诗是野蛮的。"一些诗人将法兰克福学派的德国哲学家阿多诺在他的《文化批判与社会》一文中的这句断言奉为圭臬，以此作为在重大灾难面前噤声收笔的理由。身为诗人，我带着这个疑问于 2013 年 9 月在德国的城市特里尔参观了一个纳粹集中营旧址。一个讲解员很愤怒地告诉我，第二次世界大战后，德国人不敢面对这个可怕的历史，在很长时间内选择了集体遗忘，直到 20 世纪 60 年代，随着在耶路撒冷对阿道夫·艾希曼的审判，以及德国奥斯威辛大审判的开始，德国知识分子才认真面对纳粹的暴行，德国人才开始反省。他说，就以这个集中营为例。曾经关了 1.5 万余人，没有一个人逃出去。集中营就建在一个村子旁。但战后，村民们居然都说不知道这回事。讲解员摇着头，我突然明白了阿多诺的意思。他真正想说的是，面对奥斯威辛，我们都是受害者，也同时都是旁观者和麻木的人。身为这样的人，有什么资格写诗呢？

　　诗人们，还记得吗？与阿多诺同是纳粹的受害者和揭发者的德国诗人策兰，认为诗歌艺术不能回避大屠杀。他作为"奥斯威辛之后"的诗人，以高度的写实性在 1945 年 4 月创作了著名诗作《死亡赋格》。这是诗人和诗歌对反人类行为的审判，也是在重大历史事件和灾难来临时，诗歌艺术的作用体现。

　　新冠病毒是无法用诗句杀死消灭的，但诗句可以歌颂面对灾难的勇者，批判懦夫。让人们的灵魂颤抖，让哭泣的悲痛坚强，让人们于虚无之中看到希望。

所以，艾青先生说："问题不在于你写什么，而在于你怎么写，在你怎样看世界。在你以怎样的角度去看世界，在你以怎样的姿态去拥抱世界……"

一个人的珠峰

2010年5月17日，从尼泊尔珠峰南坡登顶后，我归心似箭，经樟木口岸入藏，5月25日坐在了办公室。然而，不论是深夜安眠还是看着这繁华的大都市，我的脑子都还在山上。

说实话，想起那恐怖冰川还是心惊胆战的，尤其是脑海里无法忘掉在海拔8000米处那个死去了的俄罗斯人，被捆得一堆烂绳头似的往下慢慢运。我呢，默默看着他过来，又心情悲切地看着他下山而去。要知道，头一天我们还互相打招呼。这是一种一辈子都难以磨灭的印象，这些感觉说不清也道不明。

但是另一方面，同样难忘的是另外一种温馨，那就是山上的人。我讲的这些人是我们中国人，而且是我们企业家当中的老大哥，他就是王石。跟他一块组团的还有深圳华大基因研究院院长汪建、博士陈芳，探路者公司的董事王静，深圳卫视记者李洪海以及山友吕钟霖。做企业的，在国内各有各的地盘，各有各的观点，平时难得面对面静坐上 10 分钟。但是，到了山上，都是登山的人，尤其是在国外，在尼泊尔，感情就亲切了许多，那种矜持就少了许多。

我刚到珠峰时王石的团队比我先到大本营。我到的第二天，去他的营地拜访。但是到达他的营地后，他刚刚往远山而去，在营地只剩下咳嗽得浑身发抖的汪建。隔不几天，王总带着大家又来到了我的营地。此时，恰逢今典投资的王秋杨带着烤鸭、二锅头专门来看大家。那种兴奋的感情是一种要流泪的感情。那一天，大家倍感亲切，尤其是钟霖对我从北京带去的炸酱爱不停口。

这是一些难忘的日子。此后，我隔三岔五地去看王总，我们常聊，王总也时不时带几个人或独自散步而来。

我从来没有跟一个企业家这么长时间、这么仔细地讨论很多问题，包括王总在"哭墙下与上帝对话"中的那段富有哲理的发问——我面壁，额头触到冰凉的石墙，闭眼默想：耶和华，你真的存在吗？为何要让人们拥有不同宗教、不同文化，从而无法沟通？为何要让分歧滋生，战争席卷，为何香格里拉只能隐藏在那消失的地平线？为何大同世界，天下为公只能存在于思想家、哲学家的梦想之中？——以及我说到我的人生感悟。我们谈什么呢，我们谈的是人生是不是荒诞的，谈的是上一个 30 年企业家精神到底是什么，下一个 30 年企业家精神是什么。

当然了，我们就是不谈登山。因为我们认为我们谈不谈都得登，而且我们都很自信。相谈几次后，王总快人快语，直接向我发问，他说，秋杨来的那天，我在他们那儿用完晚餐，他们集体讨论我，说我变化太大了。意思是，他们原来都感觉黄怒波很傲慢。现在为什么能这样谦和呢？

王总作为老大哥，是我非常认同的企业家，提出这样的问题，证明有很多人对我有同样的看法。我回答，如果我真的有所改变，这一切都是因为山。这些年来，我都是一个人到处走，去登山，差不多登遍了世界上的高山，失败了就再去。一个人登山是很孤独的，但是这种孤独可以让你思考很多问题，见到很多人。慢慢地悟出一个道理，现在我觉得，我没那么伟大，但也没那么渺小，毕竟，踏踏实实地做了很多很多的事，在某种程度上，掌握了自由空间，掌握了自己的命运，这是企业家解放自己的过程，大部分企业家现在大致都能掌握自己的命运。当财富积累到一定阶段后，比较自信。

在珠峰顶上，我朗诵着我写的诗《珠峰颂》，我哭了。这绝对是世界上独一无二的，在世界最高处，朗诵自己写的诗。山让我找到了自信，也找到了生活的意义，那就是，自信地活着。自然也就无所谓狂妄了。再者，通过登山，每次都在目睹死亡、伤残，每次都是一种心灵和体力的苦战和煎熬，心就慢慢静下来了，对财富的看法，对人的看法，对自己的看法都在转变，上升到了人生的价值层面。所以，这就是我对王总在"哭墙下与上帝对话"中的那段发问心灵震撼极大的原因。

这是山上难忘的日子和难忘的人，我跟王总他们约好，下山后我们要做一些事情，比如能不能帮助促进北大山鹰社飞得更高，比如资助遇难的山鹰社队员的家庭，比如加入阿拉善 SEE 生态协会，比如搞一次深层次对话——登山与企业家精神，等等。

5月18日，我从海拔8000米的4号营地下撤到2号营地时，我的预感告诉我，王总的团队可能已经上来了。果然，还没到帐篷，钟霖就在大声喊我，他们聚拢而来，热情地祝贺我顺利登顶。我流出了眼泪。在大家拥抱我之时，拍着我的背，他们不知道我的连体羽绒服破了个洞，他们一拍，羽毛都飞出来了，大家都乐了。

我下山后，每天揪着心等王石他们登顶的消息。当深圳台的大壮把他们登顶的消息发来时（王石于2010年5月22日9时25分登顶），身在拉萨的我又流泪了。每个人都是安全的，这是最重要的。以前距离很远的人，经过在山上的两个月，变得亲了，近了，这种相互的关心和惦记，没有过共同患难的人，是理解不了的。

我想，如果有更多的这样或那样的机会，企业家们还是应该坐到一块儿，摘下面具，随意而谈，那么，我们企业家的生活可能更丰富，更快乐。除此之外，我下山之后我时刻提醒自己，不要再戴着面具，最好能保持住山上的谦和。

山上的人，让人永远难忘。

山神，你又一次放生了我

　　美丽的珠峰永远是神秘的、令人敬畏的。登顶的次数越多，你会越害怕她，敬畏她，以及永远爱她。当我离开她时，我又磕了三个长头。这次我说的是，感谢山神，你又一次放生了我！

　　从珠峰回来的人大多是黑瘦、疲惫、目光呆滞、语速缓慢、无精打采以及不知所措的。甚至，睡在舒适的大床上会辗转反侧，夜半惊梦。这一切都是真的。因为，近两个月的高山生活，那种自在、安静、孤独以及时时闻到自己体臭的感觉，都让人难以释怀。这是一份现代生活中的矫情，是一次心灵的解忧。当带着一种九死一生的余惊回到都市生活中，日子一下就变得乱了规矩。

　　恰逢人类登顶珠峰 60 周年之际，优酷网《老友记》栏目做了一组重量级的视频，这是向山上的勇士们的致意。其实，这更标志着中国社会精神层面巨大的进步。至今，中国人对登山探险、流浪、行走之流的人，要么嗤之以鼻，要么狐疑不定，要么冷嘲热讽。大家以大多数人的文化传统习惯为标准，满足于安逸、过日子的生活状态，不能苟同这种疯狂之举。这是无法评价的。但是，总得有人做点什么。如果说要纪念人类登顶珠峰 60 周年的话，我们应该反思的是，为什么首登珠峰的绝不会是中国人呢？

再次登顶珠峰，都有些不太好意思说了。因为按中国人的想法，你都登第三次了，有神经病啊？但恰恰这次是最惊心动魄的，用"九死一生"来形容，一点也不过分。西藏的圣山公司是世界上正在成长的、极为优秀且极有希望的高山服务公司之一。这一次他们创造了从海拔 8700 多米的珠峰上把山友夏剑锋救下来的奇迹。这是不可能完成的任务，但是他们做到了。这是珠峰救援史上的奇迹。而且，珠峰北坡环保情况大有好转。当然，那些冰川不可阻挡地继续融化着。山里的溪流声特别大。除此之外，山道上只是偶尔看到香烟盒、可乐罐，好像连牦牛粪都少了。往年的山鸡都是一对一对的，现在也变成了一群一群的，拖儿带女，在我们身边跑。原来，圣山公司在前进营地和大本营之间修建了七八个垃圾站，以此起到了非常好的示范和警示作用。但遗憾的是，2008 年奥运火炬上珠峰时，中国移动在海拔 6500 米前进营地至海拔 7028 米 1 号营地的路途上架设的通信铁塔早已经破旧不能使用了，但是再没人打理。看来，这些钢铁做不到千年不朽，一定要腐烂在珠峰上。只是它的丑陋玷污着山友的眼睛。我不会发微博和短信，但我会把它拍下来，讨个说法。我相信很多山友的相机里都会留下这幅丑陋的画面。

实际上，中国的登山商业史也仅仅十余年，就高山服务的专业性、技术性来说，中国的服务公司还有很多有待提高之处。比如，我从南坡登顶，一路登到顶峰，始终有一条新修的路绳，而且那些路绳的岩钉从来没有脱落过。也就是说你可以把你的生命牢系在这条路绳上。南坡每年留在山上的山友比北坡多，但是你从来没有见到一具被冻得硬硬的、石头一样的、痛苦万分的山友在那里一躺几年。留在南坡的逝者都被运走了，也得到了尊重。但是在这次登顶北坡的路上，看到的却是满山的烂绳头。修路队只管随便架一条绳子上去，从来不清理往年的旧路绳。以致我在珠峰海拔8700米处下山横切时，冰爪踩在了地上的烂绳头上，摔倒在岩壁上，差一点就命丧万丈深渊。惊魂未定，又在海拔8700米的岩壁处，一拽绳子，路绳的岩钉居然被我拔了出来。这可是个大灾难。我们一行四人，鬼使神差地趴在了岩壁上而没有仰翻。我的向导巴桑被我从两米高的岩壁上拽了下来，脚下还差20厘米就是万丈深渊。至今想起我还夜不能眠，常感到后怕。万幸的是，自我2010年5月14日开始登山之时，扎什伦布寺里的四个大殿天天替我诵经、祈祷，保佑我的平安。我又生生背着扎什伦布寺赠送的绿度母唐卡上了珠峰顶。如此看来，种种神奇之处，不得不令人敬仰。但反过来说，山友付了那么多钱，怎能修出这样一条路？这是一种极其不负责任的行为。因为你突然发现，原来你的命其实就系在那个修路者的为与不为之间。这简直太可怕了。

尽管山下的生活世俗得不行，但还得活啊。这次登山使我受到了很大的刺激。一个是由于风大了，雪少了，山上又多了些尸体，上上下下有十几具。每个都是一副很痛苦的状态。尤其是在海拔8500米处的那个美国年轻人，头上的羽绒服吹破了，面孔狰狞，金发飘飘，令人极为震撼。在海拔8800米的那个山友，死了有六七年了，两只手痛苦地、枯硬地、尖利地高举着。另一个很难受的是，2010年5月16日，我们从珠峰海拔7900米处往8400米处出发，在路上遇到一个夏尔巴向导，他刚刚死去一两个小时。他就躺在路上的石头上，他的氧气瓶还在工作。当我牵动路绳的时候，他的手也在动，身体在摇晃，尤其左右摆动的头，好像在说"不"。这样的场景使我感到很难受。如果是中国队的山友当时我们肯定会不惜代价地把他救下来，毕竟是在海拔8200米处。但因为他是夏尔巴人，都是单人服务，两个外国山友也无力救他，就放弃了，再没有别的人能帮他了。等中国人知道他的状况时，他已经死了。这是在他登顶回来的路上。

2010 年北坡登顶的人不算多，不像南坡。但是登得心里很不舒服，其实我也做了一些别人没做过的事儿。比如，我带了 9 台大大小小的摄像、摄影器材。可以说史无前例地把整个登山过程全部用录像、拍照的方式记录了下来。其中包括我九死一生，两次遇险的镜头。这是难得的资料。回来凡是看过的人全都连连惊叹。这些资料很珍贵，是用生命换来的。此外，还与人民文学出版社签了一本以描写山难和商战为背景题材的小说的意向合同。为了小说创作我再次登顶珠峰，虽心情沉重，但是惊心动魄，小说也有了活灵活现的素材。同时，山下也记录了不少珍贵资料。我让向导们休整时回到其各自的家乡，拍摄他们的奶奶、妈妈、孩子们的日常生活；乡亲们的赛马、劳作等生活场景以及在一条神秘的山沟里寻找珠峰海螺的过程。还有我在庄严的扎什伦布寺祈福、与活佛上师谈经讨教的种种珍贵场景，这些都是温馨的。它实际上进入了一个巨大的文化系统，也就是说藏传佛教的文化氛围和精神体验。

山下的人

　　七月流火。于是，一早就去登位于南疆的世界冰山之父慕士塔格峰。关于此峰有一个传说，慕士塔格峰上住着一位冰山公主，她与住在对面的海拔8116米的世界第二高峰乔格里峰上的雪山王子热恋，凶恶的天王知道后很不高兴，就用神棍劈开了这两座相连的山峰，拆散了冰山公主和雪山王子这一对真挚相爱的情人。冰山公主整天思念雪山王子，她的眼泪不停地涌出，最终流成了道道冰川。天晴时，白雪皑皑的山峰挟带着伸向雪线下的道道冰川，宛若冰川公主飘逸的白裙和长袖。

　　但现实并没有传说中的浪漫。那山高7542米，坡奇大且长，雪厚路艰，来到1号营地心中已悔恨无比，每走一步都是咬牙切齿。暖阳上来，无垠的雪山便成了干燥无比的大烤箱，热水不愿喝，雪又不敢吃，难受得像家中养的小比格犬，张大了嘴喘气。此时，心中便强烈地浮现出许许多多山下的好处。

　　到了海拔 6300 米的 2 号营地时，一夜的风几乎立马要掀飞露营的帐篷。那奥索卡帐篷又是个烂货，挂霜。一夜睡袋湿凉，难受无比。这个高度上人的高山反应各不同：一个巴基斯坦的高山协作人员脑水肿，被八九个人弄了下去；一个说不清国籍的人直接就疯了，胡说八道，吓得众人给他吸氧，也是即刻下山；我的高山反应也不省心，起了 6 次夜，折腾得筋疲力尽。第二天早上看到雪坑里尿袋多多，方明白，人家原是聪明，备了塑料袋、矿泉水瓶在夜里用。就我傻，每次都是实打实地到雪地里解决问题。

　　早晨起来，心情已是坏透了。天也变脸，登到海拔 6500 米左右，索性起了风暴，按行话叫作"坏天气持续到来"，这山自然是不能登了，大家都忙着下撤。山下的人不知道，这下山的路更难，脚穿高山鞋，踩踏雪板，在平地上肯定连路都不会走，在 30 ～ 50 度的雪坡上简直就像老大爷穿高跟鞋，无法形容的难受。下撤的外国队员人人一副滑雪板，一声号令，齐齐转眼撤得不见了人影，后悔得我直懊恼为什么不先学会了滑雪再来登山。千辛万苦地下了山，大本营地满院子的外国队员喝着咖啡冲我鼓掌。我强打精神、昂首挺胸故作轻松地一一致谢，等进了帐篷，人就像日本豆腐，整个处于崩溃状态了。

　　下了山，成了山下的人，回想山上的情景，就像从但丁的炼狱归来，无论如何不想再登了。有了此念头，打道回府的动作极快。这不，脸上晒掉的皮还未褪尽，我已在繁华京城的金碧辉煌之中了。

吃了苦，也有所悟。原来，不是所有人什么苦都能吃的，就像如今做企业，不是所有的企业家都能成功的，就比如这宏观调控吧，有许许多多辛辛苦苦做起来的人熬不过去，被"调控"了。有人拍手，幸灾乐祸；有人心凉，怕下一个轮到自己。吃过苦的人自己心里有数，下了山知道山下的好，活得珍惜。做过企业的人知道个中艰辛，遇到谁倒了心里知道惋惜同情。本来，好好登着山就遇上个"坏天气持续到来"，好几天的力气和高度都白玩了，还得安全下山调整再来。这干企业没选好行，正满腔热情地大干快上呢，这满世界的杀伐之声四起，由不得你不心灰意懒、活命第一了。

不过，我除外。那雪山的烂苦破累也算是尝过了，重做山下人，还怕什么呢。

负心狼

近来，误入歧途，不慎话多了些，写文章不知深浅，惹了很多的议论。

说实话，我的文章写出来不是想让谁说好，不是迎合他去写的，而是一些心里的感受。痛苦是真痛苦，满足是真满足。因为对我来说没有必要去哗众取宠，犯不着费口舌换两句好听话。

但是，一个网友的一句话触动了我。大概是他或是她看了我的文章后，留言说："就你好，都是天下人负你，你就没负过人？"这句话问得好，也骂得好。我不知道他或是她是被我得罪过的男人，还是被我伤害过的女人，还是路见不平的发问者。反正问得很对，骂得很刺耳。

扪心自问，"一将功成万骨枯"。打拼了这么多年，我从身边成百上千的人当中站了起来，绝不是因为自己有过人之处，只是因为幸运而已。

回首往事，所负之人众多。

从父母之恩来说，父亲我不认识，因为我自幼丧父，与父亲谈不上感情，也谈不上父恩。但我的母亲可怜，孤儿寡母，母亲一人拉扯我们兄妹4人。我不知给她惹了多少的麻烦，少不更事，顶了她多少嘴，给她添了多少的忧愁，她不幸40多岁就去世了。虽是社会责任，但我内心认为：我也是杀死她的一员。我觉得死对她是一种解脱。因为那个年代，种种屈辱、家的拖累，对一个善良的女人来说担子太重了。所以，我曾想她若是活到今日，我可能会天天跪着给她洗脚、更衣。这种心情的背后，是一种深深的负罪感。所以，我现在经常劝我认识的所有人，要趁你们父母健在时，去孝顺、去感恩，否则，心灵付出的代价太大。

我的二哥，自小耿直，我经常胡搅蛮缠，急得他与我打架，他下手轻，我下手狠，有时打得他头破血流。我做了公司后看他生活不易，也让他来京投奔我，到我的手下，派遣到外地开拓。不知道是不是报小时候的仇，我骂他骂得比别人狠，经常直骂得他眼泪汪汪。他又老实，受了多少委屈，从不解释。周围的人都看不下去了，经常来说好话。其实从内心来说，我感觉对不起他。

对朋友来说，我负的人肯定多了。从小到大有过多少同学、朋友，不是大家帮我，我也不可能活到现在。"人有悲欢离合，月有阴晴圆缺"，也许是个性，也许是地位，造成许多的朋友、同学的名字渐渐被我忘掉了，这也许是一种负恩吧。

但是最让我终生心痛的是：我的大学同窗好友在我的面前死去了，而且我也有责任。

他是内蒙古人，善饮酒，小说写得极好，内蒙古摔跤队出身。大学时，我们极投缘，朝夕相处。在学校食堂排队买饭时，看见加塞儿插队的，每每按捺不住，我去把插队的人拉出来，人家看我近1.90米的个儿，又是校田径队的，不招惹我。但他去拉人时，人家看他个儿矮，不知深浅要跟他过招儿。但恰恰错误的是，他武功高强、下手狠，往往一招儿就把对方掀翻在地。爬起来不服气，再扑上来，被打得更狠，我站在那儿只是乐。

大学毕业以后，他百事不顺，大概是因为他性情太耿直，又恃才傲物，不招领导待见，家庭又不和，父母又多病，弟弟妹妹的麻烦事搅得他当老大的夜不能寐。每次集会必与我痛饮，极致时又大哭一场。我是自小泪已经流干了，又装着强硬，每次总是顾左右而言他。

终于有一天，他与我饮酒，其实，那时他已经有严重的肾衰竭，他嘴硬从未说明，但犹豫着端杯，我粗心，未弄懂怎么回事儿，劝他喝了几杯。当夜，他就入院抢救。我去看他时，我们俩还谈笑风生，万万想不到危机四伏。我和他都以为大不了输输液就可平安无事。我还与他开玩笑，说起那年冬天我们一块去乡下喝酒，夜深时出来撒尿，按说尿在野地里也就算了，但毕竟我们都是文人，讲礼节要面子，就去找了农村的土厕所。那里地方不大，他先进去，我站在外面，我不知深浅一个劲儿推他往里走，他顺势掉进了粪坑。大冬天的，他双膝以下全是粪便，不出半个小时，已冻得冰硬。

从此，每每喝酒，我们必笑此事儿。这次我以为他输两天液也就罢了，但是第二天清晨有人敲门……等我去看他，他在床上已经冰硬了。

这是我一生的心病，这也是我一生的罪孽。我觉得，死的应该是我。

拿企业来说吧，我对不起许多的同事。开掉的、跳槽的坏蛋和我不喜欢他、他也不喜欢我的人不用说了，在他们眼里我肯定是一个十恶不赦的坏人，完全辜负他们，站在他们的立场，我很赞同他们的看法。但是有几个人，我不得不感到内疚。比如我们的袁总吧，岁数大，国企厂长出身，干事儿极认真，但也极啰唆，一副老北京腔调。企业刚刚创业时，他负责基建，哪里艰苦他就到哪里去。那年黄山建宾馆，他的脚被钉子扎透了脚背，到医院裹了裹，一直坚持到工程结束。现在他年龄大了，我希望他颐养天年，但他出于对企业的热爱和对我的感情，还是忙得团团转。为了工作上的事儿批评他，他一声不吭。有时在酒桌上看他倒酒，双手颤抖，往往酒倒满了还倒，我的心就引起一阵阵酸痛。

拿焦青来说吧，如今是中坤的总裁，当年跟我时才 24 岁。在太原做中城宾馆时，他带着六七个人打地铺，还外加一条小狗。他天天起早贪黑，把一个宾馆做成了两个宾馆，做成了山西十佳企业，为中坤掘得了第一桶金。但就是他，在第一线打拼，别人嫉妒他，怕他接我的班，悄悄陷害他，诬告他有作风问题、经济问题。我肯定不信，但为了堵别人的口，对他严加管教。有一次骂得实在太狠，他回家时，在楼下先痛哭得昏天黑地，然后再上楼。现在回想起来，我真是一个暴君、恶人，对不起那些跟我打拼的人。

再说员工，每天我坐在豪华小车里，看着报来上班，看着满街的男男女女发疯挤公共汽车，生怕打卡迟到，我的心里也有一种偷了别人东西的感觉。所以，每当公司内有员工买了小车，我的心头就松了一块。内心发誓：一定要给大家一个好的归宿，稳稳地做企业，好好地待员工。

中坤完成领导换代任务，让焦青做了总裁，带领着当年的同龄人登上了前台，主持中坤的下一个十年发展战略。这也是我内心的一种报答吧。

回头想，有许多老领导和老人，在我的成长过程中，在我的危难时刻，都理解我、支持我、帮助我，但如今，我很少登门看望他们，虽客观原因是忙，但是从内心讲，有着一种深深的不安和负疚感。

　　至于从感情方面，对家人的欠账和对经历过的种种感情历程的负疚，等老一些再说吧。卢梭不是有个《忏悔录》吗？咱到那时也弄一个"负心狼的泪"，不是也挺好吗？

黄会计

　　那年 7 月底，因一个推辞不掉的邀请，我前往宁夏银川为宁夏旅游局的旅游干部培训讲课。课自然是讲得天花乱坠，你想，我在京城混，虽是个二流角色，但那媒体的哥们儿姐们儿时不时地软言细语地拉咱去补场填空，半推半就地混久了，好歹也能成个阴阳脸、鸭嘴兽吧。所以，一上午连比画带唾沫地没少弄噱头，众人自然少不了震天响地数次鼓掌。

　　散了场，我如释重负地满脸堆笑出了门，三四个农村老头儿堵住了我。诧异间，老头儿们围着我亲热，有人就拉我的手。定睛细看，我的眼有些湿润，老头儿是我少年插队的村里乡亲，最老的叫王生强，那年 65 岁，当年他是大队唯一的拖拉机手，能坐上他的拖拉机进城，那可是当年最露脸开心的事。我是知青，又是大队会计，自然是他的常客。那时我年方 17，洗衣只会用脚在渠里踩，做饭只会用饭盒盖煎鸡蛋，他就时不时拉我去他家吃鸡蛋摊饼，以至家里人至今不能理解我隔三岔五地要犒劳自己——吃柴鸡蛋摊饼。

年纪稍小的叫马培中，也年近60，当年是我的下一级——小队会计。他聪明过人，教了我不少会计知识。当年马培中娶了个极漂亮极羞涩的小媳妇，她整天在田里捂着个大花围巾低头干活儿。那村妇们，污言秽语地过嘴瘾，越发显得这女人像掉进粪坑的小白羊，楚楚可怜、令人疼惜了。虽然自家婆姨很好，但他眼睛当年还是不老实。当时常常有女知青找我要茶喝、借书看，那厮就赖在屋里不走，每每装作读报，却生生把报纸掏一大洞，死死地透过洞盯住小女孩儿看，害得我红脸手颤，只好频频添茶不已。

最小的叫杨怀忠，亦50多岁了，当年是帅哥，舞蹈不错。我这儿来的女知青多，他就常陪着我不挪窝。有一次夜深人静，大家都散了回自己的小队，他却不走，非要挤到我的土炕上睡。被子被他占了去，我只好盖我唯一的心爱的棉军大衣睡。那时，我不会烧炕，想法用大号耐火砖掏了个电炉用，放在炕上，白天做饭烧水，晚上取暖御寒。结果，后来睡梦中起火，生生把大衣撩到了电炉上，及至呛醒，已起了一半火苗，一件难得的军大衣就此永别。

我自幼苦难，插队农村时乡亲们不嫌我，吃了几年百家饭。后来在北京做过官，发了财，但无数次鼓不起勇气回村探望。

不为别的，只是几百户人家，家家于我有恩有情，哪家到不了都是伤人心、坏情谊的罪过。

这三人当年与我最近，是以相见之下又想哭又想笑。看得周围的大群人莫名其妙。我知道，在众人眼中，这北京来的大老板与这乡下最土的农民弟兄相拥相亲的场面，真是不可思议、滑稽之极了。

中午，我留了三人与众领导同桌吃饭。酒席间，三人目光低垂，局促不安。看着我的面子，众人为给我添兴，端了酒挨个来敬三人，三人惊吓得不知是站是坐，谢得语无伦次。许是看我如此得志，三人慢慢醒过了味，对我渐渐毕恭毕敬。我心中深深叹着气，拼命表现得和蔼可亲，夹菜敬酒，使劲表示心意。可自己都觉得假，这顿饭吃得五味杂陈，百感交集。

饭后，我与三人找了个茶座叙旧。原来，走了这许多年，我生活过的乡村有了很大变化。家家户户吃饱穿暖，不像我当年在大队领导农田大会战时，许多人冬天赤脚没鞋穿，脚跟裂的口子常常用大号缝衣针缝住。但仅此而已。因为这里地处黄河边，农业是以种水稻为主，但近几年这黄河水不够用了，分配着使。以后会怎样，人们心中没底。现如今，光靠地里刨食是过不了小康日子的。那些挖了鱼塘养鱼的还能赚点钱，到后来养的人多了，竟到了赔钱的地步。到此光景，乡亲们除了进城打工谋生外，就再也想不出别的致富的招了。他们三人年老体衰，当年落下的病如今还债似的缠了上来。但是他们宁可扛着也不愿去医院，太贵，看不起。这日子也快熬到头了，死了算，省得给小辈们添麻烦——这是老哥们朴素的想法。

一席长谈，我的心隐隐作痛。几十年人世生活，人和人竟有了天壤之别。如今，我好歹是个"总"，豪宅香车，锦衣美食，但还总说烦论愁。不承想，我与那地头上栉风沐雨的伙伴们的差别竟是如此之大。

平心静气而论，我认识不认识的企业家们过来得都不易，人人的艰难历程都可写一本辛酸史。但我们毕竟是幸运儿，成千上万的人奋斗，多少人埋没于尘世中。走过来的人辉煌得耀眼。但如今，过了河的人大多忘了：生活在中国的企业家是何等的幸运！改革开放至今，国家政治稳定，经济发展迅猛，政府百姓对企业家的宠爱，都是那些欧美企业家所奢望而不及的环境。就我来说，何德何能，竟能从一个西北的坏小子成长的今日的黄总。由此联想，遇到宏观调控我们就喊就叫，不承想，中国的企业家都像政府的宝贝宠儿被惯坏了。同样是房地产，我们在美国洛杉矶做试验，买着地开发来积累经验。一比方知，在中国做房地产就像在天堂里玩，各行各业都能进来做，什么房子都敢盖，什么问题都敢出，什么钱都敢赚，什么人都不赔。所以，在一次博鳌地产论坛上我诚心实意地讲，我们欠社会的、欠民众的，我们要学会成长，适应调控，要心存感激之情，如此知足，才能不赌不发疯，才能不被当害虫。

这些话，不知有多少人会说我假，想踢我屁股。但我管不了那么多。从当年的一个大队会计到今天呼风唤雨的老总，我总有一种梦幻之感，觉得一切来得太容易、太简单、太不可思议。这种时时伴随的如履薄冰的感觉让我做企业时总是瞻前顾后，不敢加入中国企业的"大跃进"。明处说是保守，暗地里我明白：那是恐惧。

其实，我早想大叫一声：人们啊，你们要有恐惧之心。

有感挥笔，写完本文时，有电话进来，是插队时房东的女儿丫丫打来的，当年她才6岁。说着话，丫丫让她7岁的女儿跟我通话，那稚气的小精灵用土到家的银川话问我："大爹，你好！你是谁呀？"

一句话，问得我泪流满面，憋了半天，我回答了她：

"我是黄会计！"